MARCEL PAGNOL

de l'Académie française

LE CHÂTEAU
DE MA MÈRE

Souvenirs d'Enfance II

Edited with an Introduction and Notes by
JOSEPH MARKS M.A.

ST. PAUL'S SCHOOL LIBRARY WITHDRAWN
LONSDALE ROAD, SW13 9JT

MODERN WORLD LITERATURE SERIES

D1188658

Nelson

Thomas Nelson and Sons Ltd
Nelson House Mayfield Road
Walton-on-Thames Surrey
KT12 5PL UK

First published in the French Language by Editions Pastorelly 1958
© Marcel Pagnol 1958

This edition with Introduction and Notes © Harrap Limited 1964
First published by George G. Harrap and Co. Ltd 1964
ISBN 0-245-52123-2

This edition published by Thomas Nelson and Sons Ltd 1984

I(T)P Thomas Nelson is an International
Thomson Publishing Company.

I(T)P is used under licence.

ISBN 0-17-444429-X
NPN 19 18 17 16 15

All rights reserved. No part of this publication may be reproduced,
copied or transmitted save with written permission or in accordance
with the provisions of the Copyright, Design and Patents Act 1988,
or under the terms of any licence permitting limited copying issued
by the Copyright Licensing Agency, 90 Tottenham Court Road,
London W1P 9HE.

Any person who does any unauthorised act in relation to this
publication may be liable to a criminal prosecution and civil claims
for damages.

Printed in Croatia.

CONTENTS

« à la mémoire des miens. »

M.P.

INTRODUCTION

In my edition of Marcel Pagnol's *La Gloire de mon Père* I ventured to suggest that English readers of the book would not be content until they had tasted the delights of its sequels. Here, then, is the second instalment of Pagnol's *souvenirs d'enfance*, which some readers may find even more charming than the first. Pagnol himself calls it "mon livre préféré", and it is not difficult to understand why. If in *La Gloire de mon Père* the 'hero' is undoubtedly Marcel's father, *Le Château de ma Mère*, dedicated, as was the first volume, *à la mémoire des miens*, is essentially a touching tribute to the author's beloved mother, and one cannot fail to read the last two chapters without responding to the deep grief which lies behind their simplicity and discreet emotion, and to the author's pride in his ability to pay a posthumous tribute to one who had shared the family's humiliation on the way to the *cabanon dans la colline*. In this book we renew acquaintance with Marcel's parents, uncle, aunt, brother and little sister and we are introduced to some delightful new characters. To recount in advance the various adventures, both humorous and pathetic, which befall Marcel, his family and his friends would be to blunt the pleasure which awaits the reader, and one can only assure him that the peculiar charm which characterized the first volume continues to work again here. It is not surprising that this second instalment of Pagnol's childhood memories met with the same unanimously enthusiastic reception as the first.

The turning point in Marcel Pagnol's career came with the phenomenal success of his play *Topaze*. Previous to that, his life had resembled that of many a young, ambitious and struggling writer who had left his native province to try his fortune in the literary world of Paris. He was born in Aubagne (Bouches-du-Rhône), near Marseilles, in 1895, the son of a humble *instituteur*, and his record at a Marseilles *lycée* was not particularly brilliant, if we are to judge by his last report for the year 1913, in which the comments were *mal, médiocre, nul* or *passable*. For English, however, the verdict was: *Sait bien l'anglais*, and thus encouraged Pagnol went on to take his *licence* in that subject and to teach at Tarascon, Pamiers, Aix and Marseilles. His youthful literary efforts included poems, two tragedies in verse (*Catulle* and *Ulysse chez les Phéniciens*) and the founding and editing of a periodical, *Fortunio*, for which he wrote, *inter alia*, a *roman-feuilleton* entitled *Le Mariage de Peluque*. This novel was later revised by Pagnol and rejected by two publishers, but it was ultimately published by Fasquelle in 1932 under the title of *Pirouettes*, an unpretentious, amusing account of the adventures of a group of Marseilles *lycéens*.

In 1922 Pagnol had gone to Paris and taught at the Lycée Condorcet. His life at that period was far from being one of luxury, but he was rich in friendships and later he was to write: "Je sais aujourd'hui que j'étais très pauvre, mais j'étais loin de m'en douter. J'avais des amis qu'aucun milliardaire n'aurait pu avoir." His first really serious efforts for the theatre came in the years 1925 and 1926 with *Les Marchands de Gloire*, *Direct au Cœur* and *Jazz* (the first two in collaboration with the late Paul Nivoix). *Direct au Cœur* was a failure, but the reception given to the other plays encouraged Pagnol to persevere as a dramatist. *Les Marchands de Gloire* was a bold and bitter satire on those civilian survivors of the 1914–18 war who, for their political or financial ends, exploited the heroism and sacrifices of the combatants. *Jazz*, a curious blend of realism and fantasy, told the story of an aging professor of Greek whose twenty years' laborious researches on a Greek manuscript are shown to be worthless. Disillusioned, he renounces his past and his life-work, but his belated attempts to recapture the spirit of youth and love end in tragedy. The theme of this *comédie dramatique* was a novel one, ingeniously treated with some striking stage effects in which the protagonist is brought face to face with the "fantôme de sa jeunesse."

The triumphal success of his play *Topaze* (1928) brought Pagnol fame overnight. A long run in Paris was followed by productions, translations and film versions which met with world-wide acclaim. Once again Pagnol had turned to satirical comedy, this time on a theme of perennial and universal application—dishonesty in political and business spheres and the corrupting power of money. Topaze, a simple, honest teacher, is used by a crooked *conseiller municipal* as a figurehead, but succeeds in turning the tables on his employer, and ends up by proclaiming to a former school colleague: "L'argent peut tout, il permet tout, il donne tout." *Topaze*, the only successful work by Pagnol not based on his Provençal background, has been somewhat harshly dealt with by certain critics who, whilst admitting the play's undoubted merits and success, condemn, for example, what is considered to be an "assemblage de situations allégoriques et de caractères conçus pour leurs 'mots'" (H. Clouard), or see in it merely a "vaudeville," a "pièce fabriquée d'un bout à l'autre en utilisant les plus vieilles recettes . . . La pièce n'allait pas bien loin et ramenait la satire à des mots et à des situations de gros théâtre" (P. Brisson). The play may not be a masterpiece, but it would be difficult to deny its verve, its racy humour and its skilful handling of dialogue and action.

The success of *Topaze* decided Pagnol to give up teaching in order to devote himself entirely to writing. Further triumphs followed, first in the theatre and then in the cinema, culminating in his election to the Académie française in 1946. In 1929 his play *Marius* had introduced to his adoring public the now legendary figures of César, Marius, Panisse, Escartefigue, Brun, Honorine and Fanny. Here and elsewhere Pagnol gave expression to his deep and abiding affection for Marseilles and for his beloved Provence and its inhabitants. *Marius* was followed by its sequel *Fanny* (1931) and the film *César* (1936), which completed the trilogy and preceded the play of the same name, produced in 1946. The plays, film-versions and gramophone records of this well-known *trilogie marseillaise* have consolidated Pagnol's fame with audiences all over the world. An *opérette* entitled *Fanny* was evolved from the three plays and formed the basis of a new film version. The reasons for this enduring success of the trilogy are not far to seek: these eminently popular comedies are compounded of a judicious amalgam of various elements—wit and humour, reality and convention, homely, lovable characters, a touch of sentimentality, a humane and tolerant philosophy of life, skilful dramatic construction and dialogue, a picturesque setting.

Pagnol then abandoned the theatre for the cinema and launched his own company for the production of films based on scripts of his own invention or adaptations of the works of other writers— *Jofroi, Angèle, Regain, Le Schpountz, Merlusse, Cigalon, Topaze, La Femme du Boulanger, La Fille du Puisatier, Naïs, La belle Meunière, Manon des Sources, Carnaval, Lettres de mon Moulin*, etc. Here again his most successful efforts have been those with a Provençal background.

Meanwhile Pagnol's pen had not been idle in other directions. In 1947 he published a translation of *Hamlet*. In his *Notes sur le rire* of the same year, he maintained that in the theatre, the cinema or the circus, people laugh because the incidents which provoke their laughter arouse in them a feeling of superiority, justified or not. In *La Critique des Critiques* (1949) he had some hard things to say about critics in general and in particular about those who scarcely deserve the name of 'critic.' He asks for more constructive and less destructive criticism, particularly in the theatre and the cinema. He protests against "l'ignorance, l'injustice, le snobisme, et l'envie" and puts in a plea for those writers who, in spite of adverse judgements on the part of critics, have nevertheless registered successes: "La critique a grand tort de ne pas aimer le succès, car il n'est jamais facile, dans quelque métier que ce soit. Certes, il n'est pas la preuve du génie, mais tous les grands écrivains ont eu, de leur vivant, de très grands succès." To those who have reproached him with being too *facile*, too superficial, Pagnol has invariably been content to reply: "Comme je n'écris que pour le public, je suis rassuré par sa seule présence." Inevitably one recalls Molière's words in *La Critique de l'École des Femmes*: "Je voudrais bien savoir si la grande règle de toutes les règles n'est pas de plaire, et si une pièce de théâtre qui a attrapé son but n'a pas suivi un bon chemin . . . Ne consultons dans une comédie que l'effet qu'elle fait sur nous. Laissons-nous aller de bonne foi aux choses qui nous prennent par les entrailles, et ne cherchons point de raisonnements pour nous empêcher d'avoir du plaisir."

Pagnol returned to the theatre in 1955 with *Judas, pièce en cinq actes*, an original treatment of a theme already dealt with by Paul Raynal in *A souffert sous Ponce-Pilate* (1939) and by Claude-André Puget et Pierre Bost in *Un nommé Judas* (1954). The lukewarm reception of the play evidently surprised and disappointed Pagnol; in an interview (*Le Figaro littéraire*, July 1959) he is reported as follows: "Tout ce que j'ai écrit facilement, sans travailler, *Topaze*, *Marius* . . ., a eu beaucoup de succès; et quand j'ai voulu m'appliquer, faire quelque chose de bien, d'élaboré, j'ai échoué: avec *Judas*, par exemple, qui me tenait à cœur." It would seem that this failure of *Judas* continued to rankle; more than a year later, after the phenomenal success of *La Gloire de mon Père*, he declared in another interview (*L'Express*, October 1960), with reference to his *souvenirs d'enfance*: "Je les ai écrits sans y penser, sans me relire. Ce n'est même pas sérieux. Et c'est un succès fou. Alors que ce *Judas*, auquel je tenais tant, a été un four. Noir."

La Gloire de mon Père, the first volume of Pagnol's *souvenirs d'enfance*, was published in 1957. The following year saw the appearance of *Les Bucoliques*, a translation in verse of Virgil's work, and the second volume of Pagnol's souvenirs, *Le Château de ma Mère*. This was followed in 1960 by *Le Temps des Secrets*, and we are promised a fourth and final volume, *Le Temps des Amours*. In this evocative record of childhood as seen through a child's eyes, Pagnol is once again in surroundings which have always called forth in him the most felicitous reactions and enabled him to manifest those qualities which we noted as the basic elements of his *trilogie marseillaise*. To these must now be added a certain *sancta simplicitas*, an unaffected piety, a discreet and genuine filial devotion and emotion.

In 1962 a Marseilles *lycée* was named after Pagnol, and our author published *L'Eau des Collines*, a novel in two volumes, *Jean de Florette* and *Manon des Sources*. When in an interview (*Les Nouvelles littéraires*, May, 1963) he was asked how he had come to pass from play-writing to novel-writing, he gave the following amusing account of the origin of his series of souvenirs:

— Un soir, dans un dîner, Hélène Lazareff me demande d'écrire, pour les lectrices d'*Elle*, un petit conte avec une histoire du temps où j'étais gosse que je lui avais racontée et qui lui avait plu. D'abord, j'ai essayé de me dérober. Je lui dis que ce n'est pas mon métier d'écrire des romans ou des nouvelles, que je ne suis qu'un auteur dramatique, que je sais tout au plus faire parler les gens. Elle insiste. Alors, comme je suis un menteur, je finis par lui promettre d'écrire le conte, bien décidé à n'en rien faire. Mais la voilà qui commence à me tarabuster au téléphone. Au téléphone, c'est plus facile de mentir: on ne te voit pas. Je lui réponds: « Oui, oui, ça vient bien. » — « Combien as-tu écrit de pages? » — «J'en ai écrit six ». Malheur! Le lendemain, voilà le cycliste qui vient ici les chercher. Quand je lui réponds que je n'ai rien écrit, il me fait une scène de désespoir: « On me flanque à la porte si je ne rapporte pas les six pages. Vous n'allez pas me faire une chose pareille, monsieur Pagnol! Je vous en supplie, écrivez-les, les six pages, qu'est-ce que ça vous coûte? Écrivez-les! Je vais me promener pendant ce temps.» Alors, qu'est-ce que tu veux? Je les ai écrites.

Et voilà qu'en écrivant, ça m'a intéressé. Tout à coup, j'ai revu mes parents. Je les ai revus avec cette impression curieuse d'être, moi, infiniment plus vieux qu'ils ne l'étaient à l'époque où je les faisais revivre. Par rapport à l'homme que j'étais devenu, c'étaient alors des enfants. Cette pensée m'a inspiré.

Les six pages ont proliféré. La nouvelle voit le jour dans *Elle*. Succès. Les lettres de femmes affluent.

Tous les matins, j'en recevais des tas gros comme ça! Alors, je me suis dit: « Tiens! C'est plus facile que je ne croyais d'écrire des livres. Faisons-en un. » Je l'écris. Mais quand je porte le manuscrit à l'imprimeur, un énorme paquet, il me dit: « Monsieur Pagnol, il n'y a pas un livre, il y en a deux. » — « Qu'à cela ne tienne! On va le couper en deux!» C'est comme ça que je suis devenu l'auteur de *La Gloire de mon Père* et du *Château de ma Mère*.

— Que devait suivre *Le Temps des Secrets*. Et le quatrième volume des « Souvenirs d'enfance », *Le Temps des Amours*, où en est-il? Nous le donneras-tu bientôt?

— Je l'ai fini, mais je veux le refaire.

— Comptes-tu poursuivre, ensuite, l'évocation de tes souvenirs?

— Non. Tu penses bien que je ne vais pas raconter ma vie!

None the less that is precisely what Pagnol was doing—in part at least—in the prefaces he was writing before his death in 1974 for the edition of his *Œuvres complètes*. One thing seems certain— the boy Marcel, the members of his family and the friends of his childhood are destined to take their place alongside Topaze, Marius, César and Fanny in that gallery of unforgettable figures which we owe to the pen of Marcel Pagnol.

PRINCIPAL WORKS OF MARCEL PAGNOL

Plays

Jazz (Fasquelle, 1926)
Topaze (Fasquelle, 1928)
Marius (Fasquelle, 1929)
Fanny (Fasquelle, 1932)
César (Fasquelle, 1945)
Merlusse (Fasquelle, 1935)
Cigalon (Fasquelle, 1935)
Judas (Grasset, 1956)

Film scripts

La Fille du Puisatier (Fasquelle, 1940)
Regain, after the novel by Jean Giono (Les Films qu'on peut lire)
Angèle, after *Un des Baumugnes* by Jean Giono (Les Films qu'on peut lire)
La Femme du Boulanger, after a *nouvelle* by Jean Giono (Les Films qu'on peut lire)
Le Schpountz (Les Films qu'on peut lire)
La belle Meunière (Self, 1947)
Trois Lettres de mon Moulin, adaptation dramatique d'Alphonse Daudet (Flammarion, 1954)

Novels

Pirouettes, revised edition, with preface (Fasquelle, 1932)
La Gloire de mon Père (Pastorelly, 1957)
Le Château de ma Mère (Pastorelly, 1958)
Le Temps des Secrets (Pastorelly, 1960)
L'Eau des Collines: I *Jean de Florette;* II *Manon des Sources* (Editions de Provence, 1962)

Other works

Notes sur le Rire (Nagel, 1947)
Hamlet, literal translation and preface (Nagel, 1947)
La Critique des Critiques (Nagel, 1949)
Bucoliques de Virgile, verse translation (Grasset, 1958)

NOTE

An asterisk in the text indicates that the word, phrase, or passage so marked is dealt with in the Notes beginning on page 171

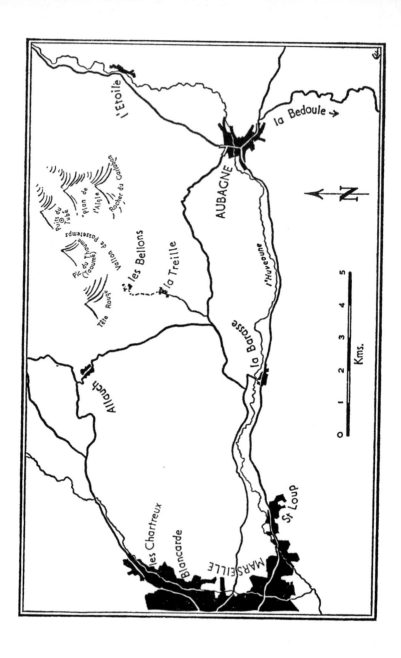

Après l'épopée cynégétique des bartavelles,* je fus d'emblée admis au rang des chasseurs, mais en qualité de rabatteur, et de chien rapporteur.*

Tous les matins, vers quatre heures, mon père ouvrait la porte de ma chambre, et chuchotait: «Veux-tu venir?»

Ni les ronflements puissants de l'oncle Jules, ni les hurlements du cousin Pierre, qui réclamait son biberon vers les deux heures du matin, n'avaient la force de traverser mon sommeil, mais le chuchotement de mon père me jetait à bas de mon lit.

Je m'habillais dans la nuit en silence, pour ne pas réveiller notre petit Paul, et je descendais à la cuisine, où l'oncle Jules, les yeux bouffis et l'air un peu hagard des grandes personnes qui s'éveillent, faisait chauffer le café pendant que mon père remplissait les carniers et que je garnissais les cartouchières.

Nous sortions sans faire de bruit. L'oncle Jules refermait la porte à double tour, et il allait mettre la clef sur la fenêtre de la cuisine, dont il repoussait les volets.

L'aube était fraîche. Quelques planètes apeurées* clignotaient, toutes pâles. Sur les barres* du plan de l'Aigle,* le bord de la nuit amincie était brodé de brumes blanches, et dans la pinède du Petit-Œil, une chouette mélancolique faisait ses adieux aux étoiles.

Nous montions, tout le long de l'aurore, jusqu'aux pierres rouges de Redouneou. Mais nous y passions sans bruit, parce que Baptistin, le fils de François, y «faisait le poste» aux ortolans,* à grand renfort de* vergettes et de glu : il en avait souvent jusque dans les cheveux.

Nous arrivions ensuite, marchant dans l'ombre en file indienne, au «jas* de Baptiste». C'était une antique bergerie où notre ami François dormait quelquefois avec ses chèvres: là, sur la longue plaine qui montait vers le Taoumé,* les rayons rouges du soleil nouveau faisaient peu à peu surgir les pins, les cades,* les messugues,* et comme un navire qui sort de la brume, la haute proue du pic solitaire se dressait soudain devant nous.

Les chasseurs descendaient au vallon: tantôt à gauche, dans les Escauprès, tantôt à droite, sur la Garette et Passe-Temps.

Pour moi, je suivais le bord du plateau, à trente ou quarante mètres de la barre. Je rabattais sur eux toute chose volante, et quand il m'arrivait de lever un lièvre, je courais vers l'à-pic,* et je faisais de grands signaux, comme un marin du temps jadis. Alors ils montaient en hâte me rejoindre, et nous traquions sans pitié l'oreillard.*

Jamais, non, jamais nous ne revîmes une bartavelle. Pourtant, sans en parler, nous les cherchions partout, et surtout dans le ravin sacré de la sublime chasse... Nous en approchions en rampant, à plat ventre sous les kermès* et les argéras*, ce qui nous permit souvent de surprendre des perdrix, des lièvres, et même un blaireau, que l'oncle Jules foudroya presque à bout portant; mais les perdrix royales s'étaient envolées dans une légende, où elles sont restées depuis: sans aucun doute par peur de Joseph, dont l'auréole en fut agrandie.

Installé sur cette gloire, il était devenu redoutable: le succès fait souvent le talent. Persuadé que, désormais, il ne pouvait manquer le « coup du roi »,* il le réussissait en toute occasion, et avec une si parfaite aisance que l'oncle Jules finit par dire:

— Ce n'est plus le « coup du roi », c'est le « coup de Joseph »!

Mais lui-même restait inégalable pour « tirer en cul »* (disait-il) tous les fuyards — lièvres, lapins, perdrix et merles — qui ne fuyaient pas sans raison, et qui tombaient foudroyés au moment même où je les croyais hors d'atteinte.

Nous rapportions tant de gibier que l'oncle Jules en fit commerce, et qu'il en paya — aux applaudissements de toute la famille — les quatre-vingts francs du loyer.

J'avais ma part dans ce triomphe. Parfois, le soir, à table, mon oncle disait:

— Ce gamin-là vaut mieux qu'un chien. Il trotte sans arrêt, de l'aube au crépuscule. Il ne fait pas le moindre bruit, et il devine tous les gîtes! Aujourd'hui, il nous a lancé une compagnie* de perdrix, une bécasse, et cinq ou six merles. Il ne lui manque plus que d'aboyer...

Alors Paul aboyait admirablement, après avoir craché sa viande dans son assiette.

Pendant que tante Rose le grondait, ma mère me regardait, rêveuse.

Elle se demandait s'il était raisonnable, avec de si petits mollets, de faire, chaque jour, tant de pas.

Un matin, vers neuf heures, je trottais légèrement sur le plateau qui domine le Puits du Mûrier.

Au fond du vallon, l'oncle était à l'affût dans un grand lierre, et mon père se cachait derrière un rideau de clématites, sous une yeuse, à flanc de coteau.

Avec un long bâton de cade — ce bois si dur qui paraît tendre dans la main, parce qu'il est onctueux et lisse — je battais les touffes d'argéras, mais les perdrix n'étaient pas là, ni le lièvre volant de la Baume-Sourne.*

Cependant, je faisais consciencieusement mon métier de chien, lorsque je remarquai, au bord de la barre, une sorte de stèle, faite de cinq ou six grosses pierres entassées par la main de l'homme. Je m'approchai, et je vis, au pied de la stèle, un oiseau mort. Son cou était serré entre les deux arceaux de laiton d'un piège à ressort.

L'oiseau était plus gros qu'une grive, il avait un joli plumet sur la tête. Je me baissais pour le ramasser, lorsqu'une voix fraîche* cria derrière moi:

— Hé l'ami!

Je vis un garçon de mon âge, qui me regardait sévèrement.

— Il ne faut pas toucher les pièges des autres, dit-il. Un piège, c'est sacré!

— Je n'allais pas le prendre, dis-je. Je voulais voir l'oiseau.

Il s'approcha: c'était un petit paysan. Il était brun, avec un fin visage provençal, des yeux noirs, et de longs cils de fille. Il portait, sous un vieux gilet de laine grise, une chemise brune à manches longues qu'il avait roulées jusqu'au-dessus des coudes, une culotte courte, et des espadrilles de corde comme les miennes, mais il n'avait pas de chaussettes.

— Quand on trouve un gibier dans un piège, dit-il, on a le droit de le prendre, mais il faut retendre le piège, et le remettre à sa place.

Il dégagea l'oiseau, et dit:

— C'est une bédouïde.*

Il le mit dans sa musette, et prit dans la poche de son gilet un petit tube de roseau que fermait un bouchon mal taillé; puis, il en fit couler dans sa main gauche une grosse fourmi ailée. Avec une dextérité que j'admirai, il reboucha le tube, saisit la fourmi entre le pouce et l'index de la main droite, tandis que, par une légère pression, sa main gauche forçait à s'ouvrir les extrémités de la petite pince en fil de métal qui était attachée au centre de l'engin. Ces extrémités étaient recourbées en demi-cercle, et formaient, en se refermant, un minuscule anneau. Il y plaça la fine taille de la fourmi, qui resta ainsi captive; les racines de ses ailes l'empêchaient de reculer, et son gros ventre d'avancer.

Je demandai:

— Où c'est que tu prends* ces fourmis?

— Ça, dit-il, c'est des « aludes ».* Il y en a dans toutes les fourmilières, mais elles ne sortent jamais. Il faut creuser plus d'un mètre avec une pioche: ou alors, il faut attendre la première pluie du mois de septembre. Dès que le soleil revient, elles s'envolent d'un seul coup... En mettant un sac mouillé sur le trou, c'est facile...

Il avait retendu le piège, et il le replaça au pied de la stèle.

Très vivement intéressé, je regardai l'opération et j'en notai tous les détails. Il se releva enfin, et me demanda:

— Qui tu es?*

Pour me donner confiance, il ajouta:

— Moi, je suis Lili, des Bellons.

— Moi aussi, dis-je, je suis des Bellons.

Il se mit à rire:

— Oh! que non, tu n'es pas des Bellons! Tu es de la ville. C'est pas toi, Marcel?*

— Oui, dis-je, flatté. Tu me connais?

— Je t'avais jamais vu, dit-il. Mais c'est mon père qui vous a porté les meubles.* Ça fait qu'il m'a parlé de toi.* Ton père, c'est le calibre douze,* celui des bartavelles?

Je fus ému de fierté.

— Oui, dis-je. C'est lui.

— Tu me les raconteras?

— Quoi?

— Les bartavelles. Tu me diras où c'était, comment il a fait, et tout le reste?

— Oh oui...

— Tout à l'heure, dit-il, quand j'aurai fini ma tournée.

— Quel âge tu as?*

— Neuf ans.

— Moi j'ai huit ans, dit-il. Tu mets des pièges?

— Non. Je ne saurais pas.

— Si tu veux, je t'apprendrai.

— Oh oui! dis-je avec enthousiasme.

— Viens: je fais la tournée des miens.

— Je ne peux pas maintenant. Je fais la battue pour mon père et mon oncle: ils sont cachés en bas du vallon. Il faut que je leur envoie les perdreaux.*

— Les perdreaux, ça sera pas aujourd'hui... Ici, d'habitude, il y en a trois compagnies. Mais ce matin, les bûcherons sont passés et ils leur ont fait peur. Deux compagnies sont parties vers la Garette, et la troisième est descendue sur Passe-Temps... Nous pourrons peut-être leur envoyer la grosse lièvre;* elle doit être par là: j'ai vu un pétoulié.

Il voulait dire une nappe de crottes.*

Nous commençâmes donc la tournée des pièges, tout en battant les broussailles.

Mon nouvel ami ramassa plusieurs culs-blancs, que les Français* appellent « motteux », encore deux bédouïdes (il m'expliqua que c'était un « genre d'alouette ») et trois « darnagas ».*

— Les gens de la ville leur disent* « bec croisé ». Mais nous on leur dit* « darnagas », parce que c'est un oiseau imbécile... S'il y en a un seul dans le pays, et un seul piège, tu peux être sûr que le darnagas trouvera le piège, et qu'il se fera étrangler... C'est très bon à manger, ajouta-t-il. Tiens! Encore un couillon de limbert!*

Il courut vers une autre stèle et ramassa un magnifique lézard. Il était d'un vert éclatant, semé sur les flancs de très petits points d'or, et, sur le dos, de lunules* bleues, d'un bleu de pastel.

Lili dégagea ce beau cadavre, et le jeta dans les buissons, où je courus le ramasser.

— Tu me le donnes?

Il se mit à rire.

— Et qu'est-ce que tu veux que j'en fasse?... On dit que les anciens les mangeaient, et à ce qu'il paraît que c'est très bon. Mais nous, on ne mange pas les bêtes froides.* Je suis sûr que ça empoisonne...

Je mis le beau lézard dans ma musette, mais je le jetai dix mètres plus loin, car le piège suivant en avait pris un autre, qui était presque aussi long que mon bras, et encore plus brillant que le premier. Lili proféra quelques jurons en provençal, et supplia la Sainte Vierge de le protéger contre ces « limberts ».

— Mais pourquoi? dis-je.

— Tu ne vois pas qu'ils me bouchent mes pièges? Quand un lézard est pris, un oiseau ne peut plus se prendre, et ça fait un piège de moins!

Ce fut ensuite le tour des rats. Ils avaient « bouché » deux pièges. C'étaient de gros rats bleus, à la fourrure très douce: Lili se fâcha de nouveau, puis il ajouta:

— Ceux-là, mon grand-père en faisait des civets. C'est des bêtes propres, ça vit au grand air, ça mange des glands, des racines, des prunelles... Au fond, c'est aussi propre qu'un lapin. Seulement, c'est des rats, et alors...

Il fit une petite moue de dégoût.

Les derniers engins avaient pris quatre darnagas, et une pie.

— Ho ho! s'écria Lili. Une agasse!* Qu'est-ce qu'elle est venue faire ici? Et elle se prend à un piège tout nu! Ça devait être la fadade* de sa famille, parce que...

Il s'arrêta net, mit un doigt sur sa bouche, puis désigna au loin un fourré d'argéras.

— Il y a quelque chose qui bouge là-dedans. Faisons le tour, et pas de bruit.

Il s'élança d'un pas souple et muet, comme un vrai Comanche* qu'il était sans le savoir. Je le suivis. Mais il me fit signe de décrire un arc de cercle plus grand, sur la gauche. Il marchait dans la direction des argéras, sans se presser, mais je courus pour exécuter la manœuvre d'encerclement.

A dix pas, il lança une pierre, et sauta en l'air à plusieurs reprises, les bras écartés, en poussant des cris sauvages. Je l'imitai. Tout à coup, il s'élança : je vis sortir du fourré un lièvre énorme, qui bondissait, les oreilles droites, si grand qu'on voyait le jour sous son ventre... Je réussis à couper sa route : il obliqua vers la barre, et plongea dans une cheminée.* Accourus au bord du plateau, nous le vîmes descendre tout droit et filer sous les fourrés du vallon : nous attendîmes le cœur battant. Deux détonations retentirent coup sur coup. Puis deux autres.

— Le douze* a tiré le second, dit Lili. On va les aider à trouver la lièvre.

Lili descendit, avec l'aisance d'un singe, par la cheminée.

— Ça a l'air d'un mauvais passage, dit-il. Mais c'est aussi **bon** qu'un escalier.

Je le suivis. Il parut apprécier mon agilité en fin connaisseur.

— Pour quelqu'un de la ville, tu te débrouilles bien.

Au bas des roches, nous prîmes le pas de course sur la pente.

A côté du puits, sous de très grands pins, il y avait une petite clairière à l'ombre. Là, mon père et l'oncle regardaient le lièvre étendu; ils se tournèrent vers nous, assez fiers. Je demandai, un peu timidement:

— Qui l'a tué?

— Tous les deux, dit l'oncle. Je l'ai touché deux fois, mais il courait toujours, et il a fallu les deux coups de ton père pour qu'il reste sur place...* Ces bêtes-là, ça porte facilement le coup de fusil.

Il le dit comme s'il s'agissait de porter une jaquette, ou un chapeau melon.

Il regarda ensuite mon nouvel ami:

— Ha ha! nous avons de la compagnie!

— Je le connais! dit mon père. Tu es bien le fils de François?

— Oui, dit Lili. Vous m'avez vu à la maison, pour Pâques.*

— Et il paraît que tu es un fameux chasseur. C'est ton père qui me l'a dit.

— Oh! dit Lili rougissant. Je mets des pièges pour les oiseaux...

— Tu en prends beaucoup?

Il regarda d'abord autour de nous d'un rapide coup d'œil circulaire, puis il vida sa musette sur l'herbe, et je fus confondu d'admiration: il y avait une trentaine d'oiseaux.

— Tu sais, ce n'est pas bien difficile, dit-il. Le tout,* c'est d'avoir des « aludes ». Je sais un saule, en bas, au Vala... Si tu es libre, demain matin, nous irons en chercher, parce qu'il ne m'en reste pas beaucoup.

L'oncle examinait le tableau de chasse* du petit bonhomme.

— Ho ho! dit-il, en le menaçant gentiment de l'index. Tu es donc un vrai braconnier?

Il répondit d'un air surpris:

— Moi? Je suis des Bellons!

Mon père lui demanda le sens de cette réponse.

— Ça veut dire que ces collines c'est le bien des gens* d'ici. Ça fait qu'on n'est pas des braconniers!

Son point de vue était fort simple: tous les braconniers de la Treille étaient des chasseurs, tandis que les chasseurs d'Allauch ou de la ville étaient des braconniers.

Nous déjeunâmes sur l'herbe. La conversation de Lili nous intéressa vivement, car il connaissait chaque vallon, chaque ravin, chaque sentier, chaque pierre de ces collines. De plus, il savait les heures et les mœurs du gibier: mais sur ce chapitre, il me parut un peu réticent: il ne fit que répondre aux questions de l'oncle Jules, parfois d'une manière assez évasive et avec un petit sourire malin.

Mon père dit:

— Ce qui manque le plus dans ce pays, ce sont les sources... A part le Puits du Mûrier, est-ce qu'il y en a d'autres?

— Bien sûr! dit Lili. Mais il n'ajouta rien.

— Il y a la baume de Passe-Temps, dit l'oncle. Elle est sur la carte d'état-major.

— Il y a aussi celle des Escaouprès, dit Lili. C'est là que mon père fait boire ses chèvres.

— C'est celle que nous avons vue l'autre jour, dit l'oncle.

— Il y en a certainement d'autres, dit mon père. Il est impossible que, dans un massif aussi vaste, les eaux de la pluie ne ressortent pas quelque part.

— Il ne pleut peut-être pas assez, dit l'oncle Jules.

— Détrompez-vous,* s'écria mon père. Il tombe à Paris 0 m 45 de pluie par an. Ici, il en tombe 0 m 60!

Je regardai Lili avec fierté, et je fis un petit clin d'œil qui soulignait l'omniscience paternelle. Mais il ne parut pas comprendre la valeur de ce qui venait d'être dit.

— Etant donné que le sol des plateaux est fait de tables rocheuses* imperméables, poursuivit mon père, il me semble tout à fait certain qu'un ruissellement important doit se rassembler dans les vallons, en poches souterraines, et il est fort probable que certaines de ces poches affleurent et suintent dans les endroits les plus creux. Tu connais sûrement d'autres sources?

— J'en connais sept, dit Lili.

— Et où sont-elles?

Le petit paysan parut un peu embarrassé, mais il répondit clairement.

— C'est défendu de le dire.

Mon père fut aussi étonné que moi.

— Pourquoi donc?

Lili rougit, avala sa salive, et déclara:

— Parce qu'une source, ça ne se dit pas!*

— Qu'est-ce que c'est que cette doctrine? s'écria l'oncle.

— Evidemment, dit mon père, dans ce pays de la soif, une source, c'est un trésor.

— Et puis, dit Lili, candide, s'ils savaient les sources, ils pourraient y boire!

— Qui donc?

— Ceux d'Allauch ou bien de Peypin. Et alors, ils viendraient chasser ici tous les jours!

Il s'anima brusquement:

— Et puis, il y aurait tous ces imbéciles qui font les excursions... Depuis qu'on leur a « dit » la source du Petit-Homme, de temps en temps ils viennent au moins vingt... D'abord ça dérange les perdreaux — et puis, ils ont volé les raisins de la vigne de Chabert — et puis, des fois, quand ils ont bien bu, ils pissent dans la source. Une fois ils avaient mis un écriteau: « Nous avons pissé dans la source! »

— Pourquoi? dit mon oncle.

Lili répondit, sur un ton tout à fait naturel:

— Parce que Chabert leur avait tiré un coup de fusil.

— Un vrai coup de fusil? dis-je.

— Oui, mais de loin, avec du petit plomb... Il n'a qu'un cerisier, et les autres lui volaient ses cerises! dit Lili avec indignation. Mon père a dit qu'il aurait dû tirer à chevrotines!

— Voilà des mœurs un peu sauvages! s'écria mon oncle.

— C'est eux les sauvages! dit Lili avec force. Il y a deux ans, pour faire cuire la côtelette, ils ont mis le feu à la pinède du jas de Moulet! Heureusement, c'était une petite pinède, et il n'y avait rien à côté! Mais s'ils faisaient ça dans Passe-Temps, imaginez-vous un peu!

— Evidemment, dit mon père, les gens de la ville sont dangereux, parce qu'ils ne savent pas...

— Quand on ne sait pas, dit Lili, on n'a qu'à rester à la maison.

Il mangeait de grand cœur l'omelette aux tomates.

— Mais nous, nous ne sommes pas des excursionnistes. Nous ne salissons pas les sources, et tu pourrais nous dire où elles sont.

— Je voudrais bien, dit Lili. Mais c'est défendu. Même dans les familles, ça ne se dit pas...

— Dans les familles, dit mon père, ça, c'est encore plus fort.

— Il exagère peut-être un peu, dit l'oncle.

— Oh non! c'est la vérité! Il y en a une que mon grand-père connaissait: il n'a jamais voulu la dire à personne...

— Alors, comment le sais-tu?

— C'est parce que nous avons un petit champ, au fond de Passe-Temps. Des fois on allait labourer, pour le blé noir. Alors, à midi, au moment de manger, le papet* disait: « Ne regardez pas où je vais! » Et il partait avec une bouteille vide.

Je demandai:

— Et vous ne regardiez pas?

— O Bonne Mère!* Il aurait tué tout le monde! Alors, nous autres on mangeait assis par terre, sans tourner l'œil de son côté. Et au bout d'un moment, il revenait avec une bouteille d'eau glacée.

Mon père demanda:

— Et jamais, jamais vous n'avez rien su?

— A ce qu'il paraît que quand il est mort, il a essayé de dire le secret... Il a appelé mon père, et il lui a fait: « François, la source... la source... » Et toc, il est mort... Il avait attendu trop longtemps. Et nous avons eu beau la chercher, nous l'avons jamais trouvée. Ça fait que c'est une source perdue...

— Voilà un gaspillage stupide, dit l'oncle.

— Eh oui, dit Lili, mélancolique. Mais quand même, peut-être elle fait boire les oiseaux?

Avec l'amitié de Lili, une nouvelle vie commença pour moi. Après le café au lait matinal, quand je sortais à l'aube avec les chasseurs, nous le trouvions assis par terre, sous le figuier, déjà très occupé à la préparation de ses pièges.

Il en possédait trois douzaines, et mon père m'en avait acheté vingt-quatre au bazar d'Aubagne,* qui les vendait hypocritement sous le nom de « pièges à rats ».

J'avais vivement insisté pour obtenir quelques engins d'un plus grand modèle, spécialement conçus pour l'étranglement des perdreaux.

— Non, me dit-il. Il serait déloyal de piéger un si beau gibier.

Je contestai alors la loyauté de son arquebuse, qui foudroyait par surprise ces volatiles stupéfaits.

— Tandis que contre un piège, une perdrix peut se défendre, parce qu'elle est intelligente, elle est rusée, elle a quand même une chance de s'en tirer...

— Oui, peut-être, dit-il. Mais tout de même, le piège n'est pas une arme noble... Et puis, j'ai une autre raison : le ressort de ces engins est vraiment trop puissant. Tu risquerais de te casser un doigt !

Je lui prouvai aussitôt que je savais les manier avec une aisance parfaite, qu'il fut forcé de reconnaître ; et comme j'insistais encore, il finit par dire à mi-voix :

— Et puis, ils sont trop chers.

Je feignis de ne pas avoir entendu et je m'élançai, en poussant un cri de joie, vers un lance-pierre raisonnable qui s'offrait au prix de trois sous.

Les « pièges à rats » qui n'étaient pas plus grands qu'une soucoupe, se révélèrent d'une efficacité redoutable : ils sautaient au cou de l'oiseau avec une nervosité si grande qu'un gros merle n'y échappait pas.

Tout en rabattant le gibier vers nos chasseurs, nous placions **nos** engins sur le sol, au bord des barres, ou sur une branche fourchue, que nous brisions pour la mettre à plat, au cœur même d'un térébinthe que Lili appelait « pétélin ».

Cet arbre qui pousse si bien dans les poèmes bucoliques, fait des grappes de graines rouges et bleues, dont tous les oiseaux sont friands: un piège dans un térébinthe, c'est la capture assurée d'un cul-rousset,* d'un merle, d'un pinson vert, d'une grive...

Nous les placions en montant vers les sommets, pendant toute la matinée, puis notre quatuor s'arrêtait pour déjeuner près d'une source, sous l'ombre claire d'un pin.

Les carniers étaient toujours bien garnis, mais nous dévorions jusqu'aux miettes. Pendant que nous mangions l'omelette aux tomates — délicieuse quand elle est froide — les côtelettes grésillaient sur une braise de romarin. Parfois l'oncle Jules, la bouche pleine, saisissait brusquement son fusil, et tirait vers le ciel, à travers les branches, sur quelque chose que personne n'avait vu: et tout à coup tombait une palombe, un loriot, un épervier...

Quand il ne restait plus rien d'autre que les os des côtelettes et la croûte du fromage, les chasseurs, étendus sur un lit de baouco,* faisaient la sieste, un mouchoir sur le visage, à cause des petites mouches, tandis que nous remontions vers les barres, pour la première visite de la « tendue ».*

Nous avions une mémoire infaillible des lieux, des arbres, des arbustes, des pierres. D'assez loin, je voyais tout de suite qu'un piège n'était plus à sa place: je m'élançais, avec l'émotion d'un trappeur qui s'attend à trouver le cadavre d'une zibeline ou d'un renard argenté.

Presque toujours, je découvrais sous l'arbre, ou près de la stèle, l'oiseau étranglé, le piège au cou. Mais quand nous ne trouvions rien, alors l'émotion était à son comble, pareille à celle d'un joueur à la loterie qui vient d'entendre proclamer les trois premiers chiffres de son numéro, et qui attend le tirage du quatrième.

Plus loin est le piège, plus grosse est la proie qui l'entraîna. Nous battions les broussailles, en cercles concentriques, autour du lieu du guet-apens.

Souvent, c'était un beau merle, une lourde grive des Alpes, un ramier, une caille, un geai...

D'autres fois, nous ne retrouvions pas l'engin, emporté par quelque épervier avec la proie qu'il avait prise et dont l'agonie aux ailes battantes avait attiré le voleur.

D'autres fois, enfin, c'était une déception ridicule: un gros rat, un « limbert » énorme, un grand scolopendre couleur de miel. Un jour même, après de longues recherches pleines d'espoir, nous découvrîmes une chouette blanche: très haute sur ses pattes jaunes, toutes ses plumes hérissées, elle dansait, le piège au cou. A demi-suffoquée et chuchotant des maléfices, elle nous accueillit d'un air mécontent, en ouvrant immensément ses yeux emplumés. Comme je m'approchais, un peu inquiet, elle fit tout à coup un bond étrange, car elle lança ses pattes en avant jusqu'à la hauteur du piège, qu'elle saisit à pleines serres, en retombant sur son croupion. Elle eût certainement réussi à se dégager, si elle n'avait pris qu'une seule des branches de laiton. Mais elle serrait les deux à la fois, sur son cou fragile et déjà meurtri: la mort toute proche lui ouvrit le bec; alors rassemblant ses dernières forces, elle repoussa violemment l'engin, et d'un seul coup, s'arracha la tête.

Cette boule de plumes, projetée au ciel, dut croire un instant qu'elle s'envolait, mais elle retomba sur le gravier, le bec en l'air, les yeux encore agrandis de surprise.

Lorsque, bien plus tard, au lycée, M. Laplane nous enseigna que la chouette était l'oiseau de Minerve,* et qu'elle représentait la sagesse, je fis un si grand éclat de rire qu'il me fallut copier, jusqu'au gérondif, quatre verbes qui, de plus, étaient déponents.

Après la première tournée, il fallait attendre jusqu'à cinq ou six heures, pour laisser à nos pièges le temps de « travailler ».

Alors, pendant l'après-midi, nous allions explorer des crevasses, cueillir le pèbre d'aï* des Escaouprès, ou la lavande du Taoumé. Mais bien souvent, étendus sous un pin entouré de broussailles — car comme les bêtes sauvages, nous voulions voir sans être vus — nous bavardions, à voix basse, pendant des heures.

*   *   *

Lili savait tout; le temps qu'il ferait, les sources cachées, les ravins où l'on trouve des champignons, des salades* sauvages, des pins-amandiers, des prunelles, des arbousiers; il connaissait, au fond d'un hallier, quelques pieds de vigne* qui avaient échappé au phylloxéra, et qui mûrissaient dans la solitude des grappes aigrelettes, mais délicieuses. Avec un roseau, il faisait une flûte à trois trous. Il prenait une branche bien sèche de clématite, il en coupait un morceau entre les nœuds, et grâce aux mille canaux invisibles qui suivaient le fil du bois, on pouvait la fumer comme un cigare.

Il me présenta au vieux jujubier de la Pondrane, au sorbier du Gour* de Roubaud, aux quatre figuiers de Précatory, aux arbousiers de La Garette, puis, au sommet de la Tête-Rouge, il me montra la Chantepierre.

C'était, juste au bord de la barre, une petite chandelle* de roche, percée de trous et de canaux. Toute seule, dans le silence ensoleillé, elle chantait selon les vents.

Etendus sur le ventre dans la baouco et le thym, chacun d'un côté de la pierre, nous la serrions dans nos bras; et l'oreille collée à la roche polie, nous écoutions, les yeux fermés.

Un petit mistral la faisait rire; mais s'il se mettait en colère, elle miaulait comme un chat perdu. Elle n'aimait pas le vent de la pluie, qu'elle annonçait par des soupirs, puis des murmures d'inquiétude. Ensuite un vieux cor de chasse très triste sonnait long-temps au fond d'une forêt mouillée.

Lorsque soufflait le vent des Demoiselles, alors c'était vraiment de la musique. On entendait des chœurs de dames habillées comme des marquises, qui se faisaient des révérences. Ensuite une flûte de verre,* une flûte fine et pointue accompagnait, là-haut, dans les nuages, la voix d'une petite fille qui chantait au bord d'un ruisseau.

Mon cher Lili ne voyait rien, et quand la petite fille chantait, il croyait que c'était une grive, ou quelquefois, un ortolan. Mais ce n'était pas de sa faute si son oreille était aveugle, et je l'admirais toujours autant.

En échange de tant de secrets, je lui racontais la ville : les magasins où l'on trouve de tout, les expositions de jouets à la Noël, les retraites aux flambeaux du 141e,* et la féerie de Magic-City,* où j'étais monté sur les montagnes russes : j'imitais le roulement des roues de fonte sur les rails, les cris stridents des passagères, et Lili criait avec moi...

D'autre part, j'avais constaté que dans son ignorance, il me considérait comme un savant : je m'efforçai de justifier cette opinion — si opposée à celle de mon père — par des prouesses de calcul mental, d'ailleurs soigneusement préparées : c'est à lui que je dois d'avoir appris la table de multiplication jusqu'à treize fois treize.

Je lui fis ensuite cadeau de quelques mots de ma collection,* en commençant par les plus courts : *javelle, empeigne, ponction, jachère,* et je pris à pleine main des orties, pour l'éblouir avec *vésicule.* Puis, je plaçai *vestimentaire, radicelle, désinvolture,* et l'admirable *plénipotentiaire,* titre que je décernai (bien à tort) au brigadier de gendarmerie.

Enfin, je lui donnai un jour, calligraphié* sur un bout de papier : *anticonstitutionnellement.* Quand il eut réussi à le lire, il m'en fit de grands compliments, tout en reconnaissant « qu'il ne s'en servirait pas souvent » : ce qui ne me vexa en aucune façon. Mon but n'était pas d'augmenter son vocabulaire, mais son admiration, qui s'allongeait avec les mots.*

Cependant, nos conversations revenaient toujours à la chasse: je lui répétais les histoires de l'oncle Jules, et souvent, les bras croisés, adossé contre un pin, et mordillant une ombelle de fenouil, il me disait gravement: « Raconte-moi encore les bartavelles... »

Je n'avais jamais été si heureux de ma vie, mais parfois le remords me suivait dans la colline: j'avais abandonné le petit Paul. Il ne se plaignait pas, mais je le plaignais, en imaginant sa solitude. C'est pourquoi je décidai un jour de l'emmener avec nous.

La veille, je prévins les chasseurs que Lili et moi ne partirions pas de bonne heure, mais beaucoup plus tard, à cause de Paul, et que nous les rejoindrions à la baume de Passe-Temps, où nous devions déjeuner.

Ils parurent déçus de cette défection, et tentèrent — en vain — de me faire changer d'avis.

Sans rien dire, je savourai mon triomphe: eux qui avaient refusé de me convier à l'ouverture,* voilà qu'ils regrettaient mon absence, et que je devenais indispensable... Ainsi doivent se réjouir les Américains, quand nous les appelons à notre secours, après avoir chassé leurs ancêtres sous des prétextes politiques ou religieux.

Le matin, vers six heures, nous emmenâmes Paul, encore mal éveillé, mais assez joyeux de l'aventure, et il marcha bravement entre nous.

En arrivant au Petit-Œil, nous trouvâmes, pris au premier piège, un pinson.

Paul le dégagea aussitôt, le regarda un instant, et fondit en larmes, en criant d'une voix étranglée:

— Il est mort! il est mort!

— Mais bien sûr, dit Lili. Les pièges, ça les tue!

— Je ne veux pas, je ne veux pas! il faut le démourir!...*

Il essaya de souffler dans le bec de l'oiseau, puis le lança en l'air pour aider son essor... Mais le pauvre pinson retomba lourdement, comme s'il n'avait jamais eu d'ailes... Alors le petit Paul ramassa des pierres, et se mit à nous les lancer, dans un tel état de rage que je dus le prendre dans mes bras, et le rapporter à la maison.

Je fis part à ma mère du regret que j'avais de l'abandonner.

— Ne t'inquiète pas pour lui, me dit-elle. Il adore sa petite sœur, et il a beaucoup de patience avec elle: il s'en occupe toute la journée. N'est-ce pas, Paul?

— Oh oui, maman!

Il s'en occupait, en effet.

Dans les fins cheveux frisés, il accrochait une poignée de cigales,* et les insectes captifs vrombissaient autour de la tête enfantine, qui riait, pâle de terreur; ou bien, il l'installait, à deux mètres du sol, dans la fourche d'un olivier, et feignait ensuite de l'abandonner à son triste sort: un jour, comme elle avait peur de descendre, elle grimpa jusqu'aux plus hautes branches, et ma mère épouvantée vit de loin ce petit visage au-dessus du feuillage d'argent... Elle courut chercher l'échelle double, et réussit à la capturer, avec l'aide de la tante Rose, comme font parfois les pompiers pour les petits chats aventureux. Paul affirma «qu'elle lui avait échappé», et la petite sœur fut désormais considérée comme un singe, capable des pires escalades.

D'autres fois, il lui glissait dans le dos de la bourre de « gratte-cul »,* qui est la baie de l'églantier, et que l'on nomme ainsi pour de bonnes raisons: elle y gagna la réputation de pleurnicher sans savoir pourquoi.

Il la calmait en la gavant de gomme d'amandier, et lui fit même manger une pastille de réglisse qui ne sortait pas d'une pharmacie, mais d'un lapin. Il me confia cet exploit le soir même, car il craignait de l'avoir empoisonnée.

Je lui avouai alors que je lui avais moi-même offert des olives noires encore tièdes, ramassées dans le sillage d'un troupeau de chèvres, et qu'il s'en était fort bien trouvé.* Il fut charmé par cet aveu rassurant, et continua sans regret ses farces fraternelles.

Mais, comme le grand Shakespeare devait me l'enseigner plus tard, *crime will out*, c'est-à-dire que les crimes ne restent jamais ignorés, si bien qu'un soir, après la chasse, je le trouvai dans notre chambre, sanglotant sur son oreiller.

Il avait, en ce jour fatal, inventé un nouveau jeu dont les règles étaient très simples...

Il pinçait fortement la fesse dodue de la petite sœur, qui poussait aussitôt des cris perçants.

Alors Paul courait, comme éperdu, vers la maison: « Maman! Viens vite! Une guêpe l'a piquée! »

Maman accourut deux fois avec du coton et de l'ammoniaque, et chercha à extraire, entre deux ongles, un aiguillon qui n'existait pas, ce qui redoubla les hurlements de la petite sœur, pour la plus grande joie du sensible Paul.

Mais il commit la grande erreur de renouveler une fois de trop sa plaisanterie fraternelle.

Ma mère, qui avait conçu des doutes, le prit sur le fait: il reçut une gifle magistrale* suivie de quelques coups de martinet, qu'il accepta sans broncher: mais la remontrance pathétique qui suivit lui brisa le cœur, et à sept heures du soir, il en était encore inconsolable. A table, il se priva lui-même de dessert, tandis que la petite sœur martyrisée et reconnaissante lui offrait en pleurant de tendresse sa propre part de crème au caramel...

Ayant ainsi appris qu'il ne s'ennuyait pas une seconde, je triomphai fort aisément de mes remords, et je le laissai à ses jeux criminels.

Un matin, nous partîmes sous un ciel bas, posé sur les crêtes, et à peine rougeâtre vers l'Est. Une petite brise fraîche, qui venait de la mer, poussait lentement de sombres nuages : mon père m'avait forcé à mettre, sur ma chemise, un blouson* à manches, et sur ma tête, une casquette.

Lili arriva, sous un béret.

L'oncle regarda le ciel, et décréta :

— Il ne pleuvra pas, et ce temps est parfait pour la chasse !

Lili me fit un clin d'œil, et me dit à voix basse :

— S'il fallait qu'il boive tout ce qui va tomber, il pisserait jusqu'à la Noël !

Cette expression me parut admirable, et Lili me confia, avec une certaine fierté, qu'il la tenait de son grand frère Baptistin.

La matinée se passa comme à l'ordinaire, mais vers dix heures, une ondée nous surprit près des barres du Taoumé. Elle dura une dizaine de minutes, que nous passâmes sous les rameaux épais d'un grand pin : mon père mit à profit ce repos pour nous enseigner qu'il ne fallait en aucun cas se mettre à l'abri sous un arbre. Il n'y eut pas de coup de tonnerre et nous pûmes bientôt gagner la Baume Sourne, où nous déjeunâmes.

Nous avions tendu en chemin une cinquantaine de pièges, et les chasseurs avaient abattu quatre lapins et six perdrix.

Le temps s'était éclairci, et l'oncle affirma :

— Le ciel s'est purgé. C'est fini.

Lili, encore une fois, me fit un clin d'œil, mais ne répéta pas la belle phrase.

Après avoir battu en vain le vallon du Jardinier, les hommes nous quittèrent et prirent la route de Passe-Temps pendant que nous remontions vers nos terrains de chasse.

Tout en grimpant le long des éboulis, Lili me dit :

— Nous ne sommes pas pressés. Plus les pièges restent, mieux ça vaut.

Nous allâmes nous étendre, les mains sous la nuque, au pied d'un vieux sorbier qui se dressait au centre d'un massif d'aubépine.

— Je ne serais pas étonné, dit-il, si nous prenions quelques sayres* ce soir, parce qu'aujourd'hui, c'est l'automne.

Je fus stupéfait.

Dans les pays du centre et du nord de la France, dès les premiers jours de septembre, une petite brise un peu trop fraîche va soudain cueillir au passage une jolie feuille d'un jaune éclatant qui tourne et glisse et virevolte, aussi gracieuse qu'un oiseau... Elle précède de bien peu la démission de la forêt, qui devient rousse, puis maigre et noire, car toutes les feuilles se sont envolées à la suite des hirondelles, quand l'automne a sonné dans sa trompette d'or.

Mais dans mon pays de Provence, la pinède et l'oliveraie* ne jaunissent que pour mourir, et les premières pluies de septembre, qui lavent à neuf le vert des ramures, ressuscitent le mois d'avril. Sur les plateaux de la garrigue,* le thym, le romarin, le cade et le kermès gardent leurs feuilles éternelles autour de l'aspic* toujours bleu, et c'est en silence, au fond des vallons, que l'automne furtif se glisse: il profite d'une pluie nocturne pour jaunir la petite vigne, ou quatre pêchers que l'on croit malades, et pour mieux cacher sa venue il fait rougir les naïves arbouses qui l'ont toujours pris pour le printemps.

C'est ainsi que les jours des vacances, toujours semblables à eux-mêmes, ne faisaient pas avancer le temps, et l'été déjà mort n'avait pas une ride.

Je regardai autour de moi, sans rien comprendre.

— Qui t'a dit que c'est l'automne?

— Dans quatre jours, c'est saint Michel, et les sayres vont arriver. Ce n'est pas encore le grand passage* — parce que, le grand passage, c'est la semaine prochaine, au mois d'octobre...

Le dernier mot me serra le cœur. Octobre! LA RENTRÉE DES CLASSES!

Je refusai d'y penser, je repoussai de toutes mes forces la douloureuse idée: je vivais alors dans un état d'esprit que je ne compris que plus tard, lorsque mon maître Aimé Sacoman nous expliqua l'idéalisme subjectif de Fichte.* Comme le philosophe allemand, je croyais que le monde extérieur était ma création personnelle, et qu'il m'était possible, par un effort de ma volonté, d'en supprimer, comme par une rature, les événements désagréables. C'est à cause de cette croyance innée, et toujours démentie par les faits, que les enfants font de si violentes colères, lorsque l'événement dont ils se croient maîtres, les contredit impudemment.

Je tentai donc de supprimer le mois d'octobre. Il se trouvait dans l'avenir, et offrait donc moins de résistance qu'un fait du présent. J'y réussis d'autant mieux que je fus aidé dans mon entreprise par un grondement lointain, qui arrêta net la conversation.

Lili se leva et tendit l'oreille: le grondement roula de nouveau, là-bas, sur Allauch, de l'autre côté du Taoumé.

— Ça y est, dit Lili. Tu vas voir dans une heure!... C'est encore loin, mais ça vient.

En sortant des églantiers, je vis que le ciel s'était assombri.

— Et qu'est-ce que nous allons faire? Si nous retournions à la Baume Sourne?

— Ce n'est pas la peine. Je sais un endroit, presque au bout du Taoumé, où on ne se mouillera pas, et on verra tout. Viens.

Il se mit en route.

A cet instant même, un roulement de tonnerre — déjà un peu plus rapproché — fit trembler sourdement le paysage. Il se tourna vers moi.

— N'aie pas peur. Nous avons le temps.

Mais il pressa le pas.

Nous escaladâmes deux cheminées, tandis que le ciel devenait crépusculaire. Comme nous arrivions sur l'épaule du pic, je vis s'avancer un immense rideau violet, qu'un éclair rouge déchira brusquement, mais sans bruit.

Nous franchîmes une troisième cheminée qui était presque verticale, et nous arrivâmes sur l'avant-dernière terrasse,* que surmontait de quelques mètres le plateau terminal.*

Dans la barre,* à cinquante pas de nous, s'ouvrait, au ras du sol, une crevasse triangulaire, dont la base n'avait pas un mètre de large.

Nous y entrâmes. Cette sorte de grotte, qui s'élargissait au départ, devenait plus étroite en s'enfonçant dans la roche et la nuit.

Rassemblant quelques pierres plates, il installa une sorte de banquette face au paysage. Puis, il mit ses mains en porte-voix et cria vers les nuages :

— Maintenant, ça peut commencer !

Mais ça ne commença pas.

A nos pieds, sous les plateaux des trois terrasses, plongeait le vallon du Jardinier, dont la pinède s'étendait jusqu'aux deux hautes parois rocheuses des gorges de Passe-Temps, qui plongeaient à leur tour entre deux plateaux désertiques.*

A droite, et presque à notre hauteur, c'était la plaine en pente du Taoumé, où nos pièges étaient tendus.

A gauche du Jardinier, la barre, bordée de pins et de chênes verts, marquait le bord du ciel.

Ce paysage, que j'avais toujours vu trembler sous le soleil, dans l'air dansant des chaudes journées, était maintenant figé, comme une immense crèche de carton.

Des nuages violets passaient sur nos têtes, et la lumière bleuâtre baissait de minute en minute, comme celle d'une lampe qui meurt.

Je n'avais pas peur, mais je sentais une inquiétude étrange, une angoisse profonde, animale.

Les parfums de la colline — et surtout celui des lavandes — étaient devenus des odeurs, et montaient du sol, presque visibles.

Plusieurs lapins passèrent, aussi pressés que devant des chiens, puis des perdrix grandes ouvertes surgirent sans bruit du vallon, et se posèrent à trente pas sur notre gauche, sous le surplomb de la barre grise.

Alors, dans le silence solennel des collines, les pins immobiles se mirent à chanter.

C'était un murmure lointain, une rumeur trop faible pour inquiéter les échos, mais frissonnante, continue, magique.

Nous ne bougions pas, nous ne parlions pas. Du côté de Baume Sourne, un épervier cria sur les barres, un cri aigu, saccadé, puis prolongé comme un appel; devant moi, sur le rocher gris, les premières gouttes tombèrent.

Très écartées les unes des autres, elles éclataient en taches violettes, aussi grandes que des pièces de deux sous. Puis, elles se rapprochèrent dans l'espace et dans le temps, et la roche brilla comme un trottoir mouillé. Enfin, tout à coup, un éclair rapide, suivi d'un coup de foudre sec et vibrant, creva les nuages qui s'effondrèrent sur la garrigue dans un immense crépitement.

Lili éclata de rire: je vis qu'il était pâle, et je sentis que je l'étais aussi, mais nous respirions déjà plus librement.

La pluie verticale cachait maintenant le paysage, dont il ne restait qu'un demi-cercle, fermé par un rideau de perles blanches. De temps à autre, un éclair si rapide qu'il paraissait immobile, illuminait le plafond noir, et de noires silhouettes d'arbres traversaient le rideau de verre. Il faisait froid.

— Je me demande, dis-je, où est mon père.

— Ils ont dû arriver à la grotte de Passe-Temps, ou à la petite baume de Zive.

Il réfléchit quelques secondes, et dit soudain:

— Si tu me jures de ne jamais en parler à personne, je vais te faire voir quelque chose. Mais il faut que tu jures croix de bois, croix de fer.*

C'était un serment solennel, qui n'était exigé que dans les grandes

occasions. Je vis que Lili avait pris un air grave, et qu'il attendait.
Je me levai, j'étendis la main droite, et au bruit de la pluie je
prononçai d'une voix claire la formule :

> *Croix de bois, croix de fer,*
> *Si je mens, je vais en enfer.*

Après dix secondes de silence — qui donnèrent toute sa valeur à
la cérémonie — il se leva.

— Bon, dit-il. Maintenant, viens. On va aller de l'autre côté.

— Quel autre côté?

— Cette grotte, ça traverse. C'est un passage sous le Taoumé.

— Tu y es déjà passé?

— Souvent.

— Tu ne me l'avais jamais dit.

— Parce que c'est un grand secret. Il y en a que trois qui le
savent: Baptistin, mon père, et moi. Avec toi, ça fait quatre.

— Tu crois que c'est si important?

— Tu penses!* A cause des gendarmes! Quand on les voit d'un
côté du Taoumé, on passe de l'autre. Eux, ils ne savent pas le
passage — et avant qu'ils aient fait le tour, tu es loin! — Tu as
juré: tu ne peux plus le dire à personne!

— Pas même à mon père?

— Il a son permis, il n'a pas besoin de savoir ça.

Au fond de la grotte la crevasse devenait plus étroite, et elle
partait sur la gauche. Lili s'y glissa, l'épaule en avant.

— N'aie pas peur. Après, c'est plus large.

Je le suivis.

Le couloir montait, puis redescendait, puis s'en allait à droite,
puis à gauche. On n'entendait plus la pluie, mais les grondements
du tonnerre faisaient trembler la roche autour de nous.

Au dernier tournant, une lueur parut. Le tunnel débouchait sur
l'autre versant, et les Escaouprès devaient être à nos pieds, mais une
nappe de brume les couvrait entièrement. De plus, des nuages
venaient vers nous, en rouleaux gris: ils déferlèrent comme une
marée montante, et nous fûmes bientôt noyés: on ne voyait pas à
dix pas.

La cave où nous étions était plus large que la première, des stalactites pendaient du plafond, et le seuil en était à deux mètres du sol.

La pluie tombait maintenant avec rage, drue, rapide, pesante, et tout à coup les éclairs se succédèrent sans arrêt: chaque coup de tonnerre ne faisait que renforcer la fin du précédent, dont le début nous revenait déjà par les échos durement secoués.

Devant le seuil de la grotte, un pételin* vibrait au choc des gouttes, et perdait peu à peu ses feuilles luisantes. A droite et à gauche, nous entendions couler des ruisseaux, qui roulaient des graviers et des pierres, et bouillonnaient au bas de petites chutes invisibles.

Nous étions parfaitement à l'abri, et nous narguions les forces de l'orage, lorsque la foudre, sanglante et hurlante, frappa la barre tout près de nous et fit tomber tout un pan de roche.

Alors nous entendîmes craquer les troncs d'arbres que les blocs bondissants brisaient au passage, avant d'éclater, comme des coups de mine, sur le fond lointain du vallon.

Cette fois-là, je tremblai de peur, et je reculai vers le fond du couloir.

— C'est beau! me dit Lili.

Mais je vis bien qu'il n'était pas rassuré; il vint s'asseoir près de moi, et il reprit:

— C'est beau, mais c'est couillon.*

— Est-ce que ça va durer longtemps?

— Peut-être une heure, mais pas plus.

Des filets d'eau commencèrent à tomber des fentes de la voûte ogivale, dont le sommet se perdait dans la nuit, puis un jet d'eau nous força à changer de place.

— Ce qui est malheureux, dit Lili, c'est qu'on va perdre une douzaine de pièges... Et les autres, il va falloir bien les faire sécher près du feu, et les graisser, parce que...

Il s'arrêta net, et regarda fixement derrière moi. Du bout des lèvres,* il murmura:

— Baisse-toi doucement, et ramasse deux grosses pierres!

Soudain terrorisé, et rentrant la tête dans mes épaules, je restai immobile. Mais je le vis se baisser lentement, les yeux toujours fixés sur quelque chose qui se trouvait derrière moi et plus haut que moi... Je me baissai à mon tour, lentement... Il avait pris deux pierres aussi grosses que mon poing : je fis de même.

— Tourne-toi doucement, chuchota-t-il.

Je fis tourner ma tête et mon buste : je vis, là-haut briller dans l'ombre deux yeux phosphorescents.

Je dis dans un souffle :*

— C'est un vampire?

— Non. C'est le grand-duc.

En regardant de toutes mes forces, je finis par distinguer le contour de l'oiseau.

Perché sur une saillie de la roche, il avait bien deux pieds de haut. Les eaux l'avaient chassé de son nid, qui devait être quelque part dans le plafond.

— S'il nous attaque, attention aux yeux! chuchota Lili.

L'épouvante m'envahit soudain.

— Partons, dis-je, partons! il vaut mieux être mouillé qu'aveugle!

Je sautai dans la brume : il me suivit.

J'avais perdu ma casquette: la pluie crépitait sur ma tête nue, mes cheveux coulèrent sur mes yeux.

— Reste contre la barre, cria Lili. D'abord on se mouillera moins, et puis, on ne risque pas de se perdre.

En effet, je voyais à peine à quatre pas devant moi.

J'avais pensé que notre connaissance des lieux serait suffisante pour nous guider par la vue d'un seul arbre, d'un seul bloc de rocher, d'un seul buisson. Mais la brume n'était pas seulement un rideau qui estompe les formes: parce qu'elle n'était pas homogène,* elle les transformait. Elle nous laissait voir le fantôme d'un petit pin tordu, mais elle effaçait entièrement la silhouette d'un grand chêne qui était à côté: puis le petit pin disparaissait à son tour, et la moitié du chêne surgissait, inconnue. Nous avancions dans un paysage qui changeait sans cesse, et sans la présence de la barre, que nous touchions de nos mains, nous n'eussions pu que nous asseoir sous ce déluge, et attendre.

Par bonheur, le ciel se calmait peu à peu: l'orage était parti vers Garlaban, et la violence de la pluie diminuait. Elle tombait maintenant régulière, toute droite, installée...

Cependant, la barre qui nous guidait se termina soudain par l'éperon du Taoumé. Nous la quittâmes avec beaucoup d'appréhension, comme un bébé lâche la rampe de l'escalier.

Lili passa devant moi...

Les yeux à terre, il trouva le sentier, que les ruisseaux de l'orage avaient pourtant défiguré. D'ailleurs, un vieux cade, qui dressait dans la brume deux branches mortes tordues, fut formel:* nous étions sur le bon chemin et nous repartîmes au trot.

Nos espadrilles, gonflées d'eau, gargouillaient à chaque pas. Mes cheveux trempés glaçaient mon front. Mon blouson et ma chemise collaient à ma peau.

Dans le silence revenu, nous entendîmes au loin une sorte de grondement assez faible, mais continu. Lili s'arrêta, et prêta l'oreille.

— Ça, dit-il, c'est les Escaouprès qui coulent. Mais on ne peut pas dire de quel côté ça vient.

Nous écoutâmes attentivement: ça venait de tous les côtés, à cause des échos assourdis par la pluie.

Lili, pensif, déclara:

— C'est peut-être aussi bien la Garette, ou peut-être le Pas du Loup... Si on ne court pas, on va prendre froid !

Il s'élança, les coudes au corps, et je le suivis, redoutant de perdre de vue la petite silhouette dansante qui traînait des écharpes* de brume.

Mais après dix minutes de course, il s'arrêta brusquement, et se tourna vers moi.

— Ça descend de plus en plus, dit-il. Nous ne devons pas être loin du jas de Baptiste.

— On n'a pas vu les trois pétélins.

— Tu sais, aujourd'hui, on ne voit pas tout.

— Il y en a un qui barre le sentier. Même avec le brouillard, nous ne l'aurions pas manqué !

— Je n'ai pas fait attention, dit-il.

— Mais moi, j'ai fait attention !...

— Alors, ils sont peut-être un peu plus bas.

Il reprit sa course. Mille ruisselets coulaient à petit bruit. Un grand oiseau noir, les ailes ouvertes, passa sur nos têtes, à dix mètres. Je me rendis compte que nous avions perdu le sentier depuis longtemps. Il le comprit aussi, et s'arrêta de nouveau.

— Je me demande, dit-il, je me demande...

Il ne savait plus que faire, car il se mit à insulter le brouillard, la pluie, et les dieux, avec de terribles injures provençales.

— Attends ! lui dis-je tout à coup. J'ai une idée. Ne fais pas de bruit.

Je me tournai vers ma droite, et les deux mains en porte-voix, je lançai un long cri d'appel, puis j'écoutai.

Un faible écho répéta le cri, puis un autre, plus faible encore.

— Celui-là, dis-je, je crois que c'est celui de la barre des Escaouprès, presque sous Tête-Rouge.

Je criai alors devant moi. Rien ne répondit. Je me tournai vers ma gauche, et nous criâmes tous les deux à la fois.

Un écho plus sonore fut suivi de deux autres: c'était la voix de Passe-Temps.

— Je sais où nous sommes, dis-je. Nous avons pris un peu trop à gauche, et si nous continuons par là, nous allons tomber au bord* des barres de La Garette. Suis-moi.

Je partis, infléchissant ma course vers la droite... Le soir épaississait la brume: mais j'appelais les échos familiers, et je demandais conseil à celui des Escaouprès, qui par pitié, se rapprocha de nous.

Enfin, mes pieds reconnurent une série de pierres rondes, qui roulèrent sous mes semelles.

Alors, je sortis du sentier sur ma droite, et je crus distinguer une longue masse sombre.

J'avançai, les mains en avant, et soudain je saisis à poignées les feuilles charnues d'un figuier... C'était celui du jas de Baptiste, et la vieille odeur de la bergerie, que l'orage ressuscitait, nous fit savoir que nous étions sauvés. La pluie le comprit: elle s'arrêta.

Alors, nous fûmes heureux et fiers de cette aventure qui allait permettre de beaux récits. Mais comme nous descendions d'un pas rapide le raidillon du Redouneou, j'entendis, loin derrière nous, l'appel d'un oiseau.

— C'est un vanneau, dit Lili. Ils ne s'arrêtent pas ici... C'est les vanneaux qui s'en vont...

Ils surgirent, en V,* à peine visibles, dans la brume qui les faisait voler très bas, et passèrent sur nos têtes, en suivant ce cri plaintif... Ils partaient vers d'autres vacances.

Nous arrivâmes, comme toujours, sur le derrière de la maison.

Une faible lumière tremblait au premier étage, et faisait luire des poussières d'eau à travers la brume légère: ma mère dressait dans le crépuscule le phare dérisoire d'une lampe à pétrole, dont la dernière goutte de pluie avait fêlé le verre brûlant.

Un grand feu ronflait dans l'âtre: mon père et mon oncle, en pantoufles et peignoirs, bavardaient avec François tandis que leurs costumes de chasse, sur les épaules de plusieurs chaises, séchaient devant les flammes.

— Tu vois bien qu'ils ne sont pas perdus! s'écria joyeusement mon père.

— Oh! Ça* ne risquait rien, dit François.

Ma mère toucha mon blouson, puis celui de Lili, et poussa des cris d'inquiétude.

— Ils sont trempés! Trempés comme s'ils étaient tombés à la mer!

— Ça leur fait du bien, dit François avec un calme parfait... Les enfants, ça ne craint pas l'eau, surtout que c'est de l'eau du ciel!

La tante Rose descendit l'escalier en courant, comme pour un incendie. Elle était chargée de hardes et de serviettes. En un tourne-main, nous fûmes nus devant le feu, à la grande joie de Paul, et à la grande confusion de Lili: avec la pudeur des petits paysans, il se cachait de son mieux derrière les vestes de chasse. Mais la tante s'en empara sans la moindre hésitation, et le frictionna avec une serviette éponge, en le tournant et le retournant comme s'il se fût agi d'un objet. Ma mère me traitait de même, et François, qui regardait l'opération, déclara:

— Ils sont aussi rouges que des gratte-culs!*

Et il dit encore:

— Ça leur fait du bien!

Lili fut rhabillé avec mon vieux costume à col de marin,* ce qui lui donna tout de suite grand air, pendant que j'étais enveloppé —

plutôt que vêtu — dans un tricot de mon père, qui me descendait aux genoux, tandis que des bas de laine de ma mère me montaient jusqu'aux hanches.

On nous installa ensuite devant le feu, et je racontai notre odyssée. Le point culminant fut l'attaque du grand-duc, que je ne pouvais évidemment pas laisser immobile contre le rocher: il s'élança donc sur nous, les yeux en feu, les serres en avant, et tournoya autour de nos têtes. Tandis que je battais des ailes, Lili poussa les cris aigus du monstre. La tante Rose écoutait la bouche ouverte, ma mère secouait la tête, Paul protégeait ses yeux avec ses deux mains. Notre succès fut si complet que j'eus peur moi-même, et que bien souvent dans mes rêves — même quelques années plus tard — cette bête agressive est revenue me crever les yeux.

L'oncle Jules raconta ensuite avec un calme héroïque la dangereuse épopée des chasseurs.

Surpris par l'orage au fond des gorges, ils avaient d'abord échappé par miracle à la chute de rochers énormes qui tombaient sans cesse devant eux et derrière eux, puis à la foudre, qui avait fendu en deux le gros noyer de la Petite Baume; enfin, trempés, épuisés, et poursuivis par un torrent qui grossissait de minute en minute, ils n'avaient dû leur salut qu'à un sprint désespéré, dont l'oncle Jules avoua qu'il se serait cru incapable.

Son histoire ne fit pas grand effet; on ne tremble pas pour des chasseurs à moustaches.

François, en se levant, dit simplement:

— Que voulez-vous! C'est la saison!... Maintenant, le beau temps est passé... Enfin, c'est d'accord pour dimanche. Allez, au revoir, la compagnie!*

Il sortit, emmenant Lili, qui garda mon vieux costume pour l'admiration de sa mère.

*   *   *

A table, je mangeais de grand appétit, lorsque l'oncle Jules dit une phrase toute simple, à laquelle je n'accordai d'abord aucune attention.

— Je pense, dit-il, que nos paquets ne seront pas une bien lourde charge sur la carriole de François. Il sera donc possible d'y installer Rose, le bébé, Augustine, et la petite. Et même peut-être Paul. Qu'est-ce que tu en dis, petit Paul?

Mais le petit Paul n'en put rien dire: je vis sa lèvre inférieure s'allonger, se gonfler, puis se recourber vers son menton. Je connaissais bien ce signe, que parfois je comparais gracieusement au rebord du pot de chambre de la petite sœur. Comme d'ordinaire, ce symptôme fut suivi d'un sanglot étouffé, puis deux grosses larmes jaillirent de ses yeux bleus.

— Qu'est-ce qu'il a?

Ma mère le prit aussitôt sur ses genoux, et le berça, pendant qu'il fondait en larmes et reniflements.

— Mais voyons, gros bêta,* disait ma mère, tu sais bien que ça ne pouvait pas durer toujours! Et puis, nous reviendrons bientôt... Ce n'est pas bien loin, la Noël!

Je pressentis un malheur.

—Qu'est-ce qu'elle dit?

— Elle dit, répondit l'oncle, que les vacances sont finies!

Et il se versa paisiblement un verre de vin.

Je demandai, d'une voix étranglée:

— C'est fini quand?

— Il faut partir après-demain matin, dit mon père. Aujourd'hui, c'est vendredi.

— Ce *fut* vendredi, dit l'oncle. Et nous partons dimanche matin.

— Tu sais bien que lundi, c'est la rentrée des classes! dit la tante.

Je fus un instant sans comprendre, et je les regardai avec stupeur.

— Voyons, dit ma mère, ce n'est pas une surprise! On en parle depuis huit jours!

C'est vrai qu'ils en avaient parlé, mais je n'avais pas voulu entendre. Je savais que cette catastrophe arriverait fatalement, comme les gens savent qu'ils mourront un jour: mais ils se disent: « Ce n'est pas encore le moment d'examiner à fond ce problème. Nous y penserons en temps et lieu. »

Le temps était venu: le choc me coupait la parole, et presque la respiration. Mon père le vit, et me parla gentiment.

— Voyons, mon garçon, voyons! Tu as eu deux très grands mois de vacances...

— Ce qui est déjà abusif! interrompit l'oncle. Si tu étais président de la République, tu n'en aurais pas eu autant!

Cet ingénieux argument ne me toucha guère, car j'avais décidé de n'aspirer à ces hautes fonctions qu'après mon service militaire.

— Tu as devant toi, reprit mon père, une année qui comptera dans ta vie: n'oublie pas qu'en juillet prochain, tu vas te présenter à l'examen des Bourses,* pour entrer au lycée au mois d'octobre suivant!

— Tu sais que c'est très important! dit ma mère. Tu dis toujours que tu veux être millionnaire. Si tu n'entres pas au lycée, tu ne le seras jamais!

Elle croyait très fermement que la richesse était une sorte de prix d'excellence* qui récompensait infailliblement le travail et l'instruction.

— Et puis, au lycée, dit l'oncle, tu apprendras le latin, et je te promets que ça va te passionner! Moi, du latin, j'en faisais même pendant les vacances, pour le plaisir!

Ces propos étranges, et qui concernaient les siècles futurs, ne masquaient point la tragique réalité: les vacances étaient finies, et je sentis mon menton qui tremblait.

— J'espère que tu ne vas pas pleurer! dit mon père.

Je l'espérais aussi, et je fis un grand effort, l'effort d'un Comanche au poteau de torture; mon désespoir devint une révolte: je contre-attaquai.

— Après tout, dis-je, tout ça, c'est votre affaire. Mais moi, ce qui m'inquiète le plus, c'est que maman ne pourra jamais redescendre à pied jusqu'à La Barasse.*

— Puisque c'est là ton grand souci, dit mon père, je vais te tranquilliser tout de suite. Dimanche matin, comme l'oncle Jules vient de le dire, les femmes et les enfants monteront sur la charrette de François, qui les déposera au pied de La Treille, au départ de l'omnibus.

— Quel omnibus?

— Celui qui vient le dimanche, et qui nous conduira jusqu'au tramway.

Cette mention d'un omnibus dominical que nous n'avions jamais vu confirmait l'existence d'un plan soigneusement établi: ils avaient pensé à tout.

— Et les figues? dis-je brusquement.

— Quelles figues?

— Celles de la terrasse. Il en reste plus de la moitié, et elles ne seront mûres que dans huit jours. Qui les mangera?

— Peut-être nous, si nous revenons passer quelques jours ici pour La Toussaint,* dans six semaines.

— Entre* les moineaux, les grives et les bûcherons, il n'en restera pas une! Et toutes les bouteilles de vin qui sont dans la cave, elles vont être gaspillées?

— Au contraire, dit l'oncle Jules. Le vin se bonifie en vieillissant.

Cette affirmation triomphale démonta mon attaque, qui changea d'axe aussitôt.

— Ça c'est vrai, dis-je. Mais est-ce que vous pensez au jardin? Papa a planté des tomates; on n'en a pas encore mangé une! Et les poireaux, alors? Ils ne sont pas plus gros que mon petit doigt!

— Je me suis peut-être trompé dans mes calculs agricoles, dit mon père. Mais le grand coupable, c'est la sécheresse. Il n'a pas plu une seule fois, jusqu'à aujourd'hui.

— Eh bien, maintenant, dis-je, il va pleuvoir, et tout ça va devenir énorme! Ça, c'est vraiment malheureux!

— Rassure-toi, dit mon père. Nous aurons le grand plaisir de manger ces légumes à la maison, parce que François m'a promis de s'en occuper; en venant au marché, il nous en apportera de pleins cageots!*

Ainsi, je cherchais mille prétextes absurdes, j'essayais de prouver qu'un départ aussi brutal n'était pas réalisable, comme s'il eût été possible de retarder la rentrée des classes. Mais je sentais bien la pauvreté de mes arguments, et le désespoir me gagnait, lorsque j'eus une idée de génie...

— Moi, dis-je, je sais bien qu'il faut que j'aille en classe, et même ça me fait plaisir d'y aller.

— A la bonne heure! dit l'oncle Jules en se levant.

— Tu deviens raisonnable! dit mon père.

— Seulement, moi, je pense que l'air de la ville, pour maman, ça ne vaut rien. C'est toi qui l'as dit. Oui, oui, tu l'as dit. Tandis qu'ici, regarde comme elle est belle! Et la petite sœur, c'est la même chose. Maintenant, elle grimpe aux arbres, et elle lance des pierres! Alors, il n'y a qu'à faire comme l'oncle Jules!

— Et qu'est-ce qu'il fait, l'oncle Jules?

— Eh bien, il va en ville presque tous les jours avec sa bicyclette, et il revient le soir! Il n'a qu'à te prêter sa machine, et moi tu me mettras sur le guidon ou bien sur ton dos. Et maman restera ici avec la petite sœur, et avec Paul! D'abord, Paul, à l'école, il ne fait rien. Et puis, tu as vu comme il a pleuré! Si on l'emmène en ville, il va pleurer tout le temps! Moi, je le connais, Paul...

Mon père se leva et dit:

— Ce n'est peut-être pas une mauvaise idée: mais maintenant, il se fait tard. Nous en reparlerons demain.

— C'est ça, dit l'oncle. Maintenant, il faut aller nous coucher, pour partir de très bonne heure, parce que demain, pour notre dernière sortie, nous avons la permission d'aller dans les bois de Pichauris: c'est la plus belle chasse gardée* du pays!

Mon père prit dans ses bras Paul endormi, et nous montâmes l'escalier derrière lui. A voix basse, je dis à ma mère:

— Tu ne crois pas que c'est une bonne idée?

— C'est une idée merveilleuse, me dit-elle... Mais ce serait bien fatigant pour ton père!

— Eh bien, peut-être on ne viendrait pas tous les jours. Peut-être le mercredi et le samedi...

— J'aurais sûrement peur de rester seule les autres jours!

— Mais non, tu n'auras pas peur! D'abord, je demanderai à Lili de venir coucher ici...

— Ça, ça arrange tout! dit l'oncle Jules. Si Lili accepte, nous sommes sauvés.

— Il a déjà tiré des coups de fusil! dis-je. Parfaitement,* avec le fusil de son frère.

— Eh bien, dit ma mère, va d'abord dormir, tu en as grand besoin... Je vais en parler à ton père, et nous arrangerons tout ça demain.

Un air frais me réveilla: Paul venait d'ouvrir la fenêtre, et il faisait à peine jour. Je crus que c'était la lumière grise de l'aube: mais j'entendis gazouiller la gouttière, et le son musical de l'eau dégringolante dans les échos de la citerne...

Il était au moins huit heures, et mon père ne m'avait pas appelé: la pluie avait noyé la dernière chasse.

Paul me dit:

— Quand ça s'arrêtera, j'irai aux escargots.

Je sautai à bas du lit.

— Tu sais qu'on s'en va demain?

J'espérais éveiller chez lui un désespoir spectaculaire que j'aurais pu utiliser.

Il ne me répondit pas, car il était très occupé à lacer ses souliers.

— On n'ira plus à la chasse, il n'y aura plus de fourmis, plus de pregadious,* plus de cigales.

— Elles sont toutes mortes! dit Paul. Tous les jours, je n'en trouve plus.

— En ville, il n'y a pas d'arbres, pas de jardin, il faut aller en classe...

— Oh oui! dit-il avec joie. En classe, il y a Fusier. Il est beau Fusier. Moi je l'aime. Je vais tout lui raconter. Je lui donnerai de la gomme...

— Et alors, lui dis-je sur un ton sévère, ça te fait plaisir que les vacances soient finies?

— Oh oui! dit-il. Et puis, à la maison, j'ai ma boîte de soldats!

— Alors, pourquoi tu pleurais hier soir?

Il ouvrit ses grand yeux bleus, et dit:

— Je sais pas.

Je fus écœuré par ce renoncement, mais je ne perdis pas courage, et je descendis à la salle à manger. J'y trouvai une foule de gens et d'objets.

Dans deux caisses de bois blanc, mon père rangeait des souliers, des ustensiles, des livres. Ma mère pliait sur la table des lingeries, la tante bourrait des valises, l'oncle ficelait des ballots, la petite sœur, sur une haute chaise, suçait son pouce, et la « bonne », à quatre pattes, ramassait les prunes d'un panier qu'elle venait de renverser.

— Ah te voilà! dit mon père. La dernière chasse est ratée. Il faut en prendre son parti...

— C'est une petite déception, dit l'oncle. Je souhaite que la vie ne te réserve rien de pire!

Ma mère, sur la table encombrée, me servit le café au lait, et de belles tartines. Je m'installai:

— Papa, dis-je, tu as pensé à mon idée?

— Quelle idée?

— Que maman reste ici avec Paul — et que nous deux...

L'oncle Jules m'interrompit:

— Mon cher petit, ça ne tient pas debout.

— Mais puisque toi, tu le faisais? Tu ne veux pas nous prêter ta bicyclette?

— Je vous la prêterais volontiers si ton projet était réalisable. Mais tu n'as pas pensé que moi, je quittais le bureau à cinq heures, et que j'arrivais ici à sept heures et demie! C'était en été, il faisait grand jour! Ton père sortira de l'école à six heures; et à six heures, maintenant, il fait nuit! Vous ne pouvez pas faire ce voyage tous les jours, en pleine nuit!

— Mais avec une lanterne? Moi, je la tiendrais, la lanterne...

— Allons donc! dit mon père. Tu vois bien le temps qu'il fait! Il va pleuvoir de plus en plus souvent — et ce ne sera guère la peine de faire tant de kilomètres pour rester enfermé au coin du feu.

Il prit tout à coup un ton sévère:

— Et puis, il n'y a pas besoin de te donner tant d'explications. Les vacances sont finies, il faut rentrer en classe, et nous partons demain.

Il se mit à clouer le couvercle de la caisse; je vis bien qu'il clouait le cercueil des vacances, et que rien n'y changerait rien.

D'un air indifférent, j'allai jusqu'à la fenêtre, et je collai mon visage contre les carreaux. Les gouttes de pluie coulaient lentement sur la vitre; sur ma figure, lentement coulaient mes larmes...

Il y eut un long silence, puis ma mère dit:

— Ton café au lait va être froid.

Sans me retourner, je répondis:

— Je n'ai pas faim.

Elle insista:

— Tu n'as rien mangé hier au soir. Allons, viens t'asseoir ici.

Je ne répondis pas. Comme elle venait vers moi, mon père — d'une voix de gendarme — dit:

— Laisse-le. S'il n'a pas faim, la nourriture pourrait le rendre malade. Ne prenons pas cette responsabilité. Après tout, le serpent boa ne mange qu'une fois par mois.

Et il planta, dans le silence, quatre clous: la guerre était déclarée. Je restai à ma place, devant la fenêtre, sans les regarder.

J'entendais des phrases comme celle-ci:

— Aprrès tout, on a eu de belles vacances, mais on n'est pas mécontent de rrentrrer* chez soi!

Et cette autre, proférée par mon père lui-même:

— C'est peut-être un vice chez moi, mais il me tarde de retrouver mes gosses et mon tableau noir!

Et les bartavelles, qu'est-ce qu'il en faisait,* ce maniaque?

Quant à la tante Rose, elle déclara tout net:

— Moi, ici, ce qui me manque, c'est le Gaz. Franchement, je languissais de partir, à cause du Gaz!

Comment une femme si charmante et — en apparence — si raisonnable, pouvait-elle proférer de pareilles extravagances, et préférer cette sifflotante puanteur à la brise résineuse des collines?

L'oncle Jules, pourtant, la dépassa dans l'ignominie, car il dit:

— Eh bien, moi, ce qui m'a manqué, ce sont des cabinets confortables, sans fourmis, sans araignées, sans scorpions, et munis d'une chasse d'eau.

Voilà donc à quoi il pensait, ce grand buveur de vin, avec ses grosses fesses: parmi le thym, le romarin et les lavandes, au chant des grillons et des cigales, sous le ciel d'un bleu vif où naviguaient les provençales,* il n'avait pensé qu'à ça! Et il l'avouait!

J'étais au comble de l'indignation, mais je constatai avec fierté que seule ma mère ne blasphémait pas mes chères collines: elle avait au contraire un petit air de mélancolie si tendre que j'allai lui baiser furtivement la main.

Puis, je m'installai dans un coin sombre, pour réfléchir.

Ne serait-il pas possible de gagner huit jours, ou peut-être deux semaines en feignant une grave maladie? Après une fièvre typhoïde, les parents vous envoient à la campagne: c'était arrivé à mon ami Viguier, il était resté trois mois dans les Basses-Alpes,* chez sa tante. Quelle était la marche à suivre pour avoir une fièvre typhoïde, ou du moins pour le faire croire?

L'invisible mal à la tête, l'incontrôlable mal au cœur,* l'air dolent, les paupières lourdes sont toujours d'un effet certain. Mais si la chose est grave, alors paraît le thermomètre, et j'avais souffert plusieurs fois de ses impitoyables démentis. Par bonheur, je savais qu'on l'avait oublié à Marseille dans le tiroir de la table de nuit... Mais je compris tout de suite qu'à la première alerte, on m'emporterait vers lui, et sans doute le jour même.

Et si je me cassais une jambe? Oui, pour tout de bon! On m'avait montré un bûcheron qui s'était coupé deux doigts d'un coup de hache pour ne pas aller à la caserne,* et ça avait très bien réussi. Je ne voulais rien me couper, parce que ça saigne horriblement, et puis ça ne repousse plus. Tandis qu'un os cassé, ça ne se voit pas, et ça se recolle très bien. Cacinelli, à l'école, avait eu la jambe cassée par un coup de pied de cheval: ça ne se voyait pas du tout, et il courait aussi vite qu'avant! Mais cette idée géniale ne résista pas à l'examen: si je ne pouvais pas marcher, on m'emporterait dans la charrette de François: il me faudrait rester un mois sur une chaise-longue et (Cacinelli me l'avait dit) avec la jambe « toute bâtie »,* et « tirée jour et nuit par un poids de cent kilos! »

Non, pas de jambe cassée.

Mais alors, que faire? Fallait-il se résigner à quitter — pour une éternité — mon cher Lili?

Et justement, le voilà qui montait la petite côte, protégé de la pluie par un sac plié en capuchon! Je repris tout de suite courage, et j'ouvris la porte bien grande avant qu'il ne fût arrivé.

Il choqua longuement ses souliers contre la pierre du seuil, pour en faire tomber la boue, et il salua poliment l'assistance, qui lui répondit gaiement tout en continuant ses odieux préparatifs.

Lili vint à moi, et dit:

— Il faudrait aller chercher nos pièges... Si on attend demain, ceux d'Allauch nous les auront peut-être pris!

— Tu veux sortir sous cette pluie? dit ma mère stupéfaite. Tu as envie d'attraper une fluxion de poitrine?

C'était alors la maladie redoutable entre toutes. Mais j'étais trop heureux de quitter cette salle, où je ne pouvais pas parler librement. Aussi j'insistai.

— Ecoute, maman, je vais mettre ma pèlerine avec le capuchon, et Lili prendra celle de Paul.

— Vous savez, Madame, dit Lili, la pluie se calme un peu, et il n'y a pas de vent...

Mon père intervint:

— C'est le dernier jour, dit-il. Il n'y a qu'à les habiller chaudement, avec des journaux sur la poitrine. Et des souliers au lieu d'espadrilles. Après tout, ils ne sont pas en sucre, et le temps a l'air de s'arranger.*

— Si ça recommence, comme hier? dit ma mère, inquiète.

— Hier, nous sommes très bien revenus, et pourtant il y avait le brouillard. Aujourd'hui, il n'y en a pas!

Elle nous habilla. Entre mon gilet* de flanelle et ma chemise, elle glissa plusieurs numéros du *Petit Provençal*, pliés en quatre. Elle en mit aussi dans mon dos. Il fallut ensuite enfiler deux tricots l'un sur l'autre, puis une blouse, soigneusement boutonnée, puis la pèlerine de drap. Enfin, elle m'enfonça un béret jusqu'aux oreilles, et rabattit par-dessus le capuchon pointu des nains de Blanche-Neige* et des sergents de ville.

Pendant ce temps, ma tante Rose fagotait* Lili de la même façon. La pèlerine de Paul était bien courte, mais elle protégeait au moins sa tête et ses épaules.

Comme nous sortions de la maison, la pluie s'arrêta et un rayon de soleil fusa tout à coup sur les oliviers brillants.

— Marchons vite! dis-je. Ils vont aller à la chasse, il faudra encore faire les chiens, et aujourd'hui ça ne me plaît pas. Puisqu'ils veulent partir demain ils n'ont qu'à chasser tout seuls.

Nous fûmes bientôt en sécurité sous les pinèdes. Deux minutes plus tard, on entendit un long cri d'appel: c'était la voix de l'oncle Jules, qui n'eut d'autre réponse que celle de l'écho.

Malgré le mauvais temps, nos pièges avaient eu un grand sucacu et quand nous arrivâmes à Font-Bréguette, les musettes étaient bourrées de culs-blancs et d'alouettes à plumet...

Cette réussite, qui prouvait l'absurdité et la cruauté de mon départ du lendemain, ne fit qu'aggraver mon chagrin.

Comme nous arrivions sur la plus haute terrasse du Taoumé, où étaient tendus les derniers pièges, Lili, pensif, dit à mi-voix:

— Quand même, c'est bien malheureux... On a des aludes pour tout l'hiver...

Je le savais, que nous avions des aludes. Je le savais amèrement. Je ne répondis rien.

Il s'élança soudain vers le bord de la barre, où se dressait un beau genévrier, se baissa et leva à bout de bras un oiseau que je pris pour un petit pigeon. Il cria:

— La première sayre!

Je m'approchai.

C'était la grande grive des Alpes, celle que mon père avait un jour appelée « litorne ».*

Sa tête était d'un gris bleuté et, de sa gorge rousse, un éventail de mouchetures noires descendait sur le ventre blanc... Elle pesait dans ma main. Pendant que je la regardais tristement, Lili dit:

— Ecoute...

Dans les pins, autour de nous, j'entendis les appels d'un grand nombre d'oiseaux: cela ressemblait au cri de la pie, mais sans l'éclatante vulgarité, sans la bruyante insolence de l'oiseau-voleur. C'était au contraire une voix gutturale et tendre, une voix un peu triste, la petite chanson de l'automne... Ces sayres arrivaient pour me voir partir.

— Demain, dit Lili, je vais préparer les pièges à grives de Baptistin, et je tendrai demain soir. Et je te promets que lundi matin il me faudra deux biasses* pour les rapporter.

Je dis sèchement:

— Lundi matin, tu seras à l'école!

— Oh que non! Quand je vais dire à ma mère que les sayres sont arrivées, et que je peux en prendre pour quinze ou vingt francs par jour, elle ne sera pas assez bête pour m'envoyer à l'école! Jusqu'à vendredi — et peut-être l'autre lundi* — je suis bien tranquille!

Alors, je l'imaginai tout seul, sur la garrigue ensoleillée, battant les broussailles et les cades, pendant que je serais assis sous le plafond bas d'une classe, en face d'un tableau noir plein de carrés et de losanges...

Ma gorge se serra soudain, et je fus pris d'un accès de rage et de désespoir.

Je criais, je pleurais, je trépignais, je hoquetais, et je me roulai sur le gravier, tandis que le *Petit Provençal* bruissait sur ma poitrine et dans mon dos. Je criais, d'une voix aiguë:

— Non! non! je ne partirai pas! Non! Je ne veux pas y aller! Je n'irai pas! Non! je n'irai pas!

Le vol de sayres plongea dans le vallon, et Lili, bouleversé par ce désespoir, me prit dans ses bras, froissant entre ces cœurs désespérés seize épaisseurs de *Petit Provençal*.

— Te rends pas malade! disait-il. Il ne faut pas te tourner les sangs!* Ecoute-moi, écoute-moi...

Je l'écoutais, mais il n'avait rien à me dire, que son amitié.*

Honteux de ma faiblesse, je fis soudain un grand effort, et je dis clairement:

— Si l'on veut me forcer à retourner en ville, je me laisserai mourir de faim. D'ailleurs, j'ai déjà commencé: je n'ai rien mangé ce matin.

Cette révélation troubla Lili.

— Rien du tout?

— Rien.

— J'ai des pommes, dit-il en fouillant sa biasse.

— Non. Je n'en veux pas. Je ne veux rien.

Ce refus était si farouche qu'il n'insista pas.

Après un assez long silence, je déclarai:

— Ma décision est prise. Ils n'ont qu'à partir, si ça leur plaît. Moi, je reste ici.

Pour marquer le caractère définitif de cette résolution, j'allai m'asseoir sur une grosse pierre, et je croisai les bras sur ma poitrine. Lili me regardait perplexe.

— Et comment vas-tu faire?

— Ho ho! dis-je, c'est bien facile. Demain matin — ou peut-être cette nuit — je fais mon baluchon, et je vais me cacher dans la petite grotte sous le Taoumé.

Il ouvrit de grands yeux.

— Tu le ferais?

— Tu ne me connais pas!

— Ils vont te chercher tout de suite!

— Ils ne me trouveront pas!

— Alors, ils iront le dire aux gendarmes et au garde-champêtre d'Allauch.

— Puisque personne ne connaît cette cachette — c'est toi qui me l'as dit — ils ne me trouveront pas non plus. Et d'abord, je vais faire une lettre pour mon père, et je la laisserai sur mon lit. Je lui dirai de ne pas me chercher, parce que je suis *introuvable*, et que s'il prévient les gendarmes, moi, je me jetterai du haut d'une barre. Je le connais. Il me comprendra, et il ne dira rien à personne.

— Quand même, il va se faire un brave mauvais sang!*

— Il s'en ferait bien plus s'il me voyait mourir à la maison.

Cet argument me persuada moi-même, et confirma irrévocablement ma décision, mais Lili, après réflexion, déclara:

— J'aimerais bien, moi, que tu restes. Mais dans la colline, où c'est que tu vas chercher ta vie?*

— Premièrement, je vais emporter des provisions. A la maison, il y a du chocolat, et une boîte entière de galettes. Et puis, je crois bien que tu as entendu parler d'un ermite, qui est resté plus de vingt ans dans la baume de Passe-Temps. Eh bien, je ferai comme lui: je chercherai des asperges, des escargots, des champignons, et je planterai des pois chiches!

— Tu ne sais pas les faire cuire.

—J'apprendrai. Et puis j'irai à La Pondrane, et je chiperai les prunes de Roumieu: il ne va jamais les cueillir... Je ferai sécher des figues, des amandes, des sorbes, je ramasserai des mûres, des prunelles...

Il n'avait pas l'air très convaincu, et je m'énervai un peu:

— On voit bien que tu ne lis jamais rien! Tandis que moi, j'ai lu des vingtaines de livres! Et je peux te dire qu'il y a beaucoup de gens qui se débrouillent très bien dans les forêts vierges... Et pourtant, c'est plein d'araignées venimeuses qui ne tiendraient pas dans une soupière, et qui te sautent à la figure, et des serpents boas qui pendent des arbres, et des vampires qui te sucent le sang pendant que tu dors, et des Indiens féroces qui te cherchent pour te rapetisser* la tête. Tandis qu'ici, il n'y a pas d'Indiens, pas de bêtes sauvages...

J'hésitai un peu, puis je dis:

— A part les sangliers, peut-être?

— Non, dit Lili. Pas en hiver.

— Pourquoi?

— C'est la soif qui les fait venir. En hiver, ils ont de l'eau, alors ils restent dans la montagne, du côté de Sainte-Victoire...

C'était une grande et rassurante nouvelle, car les boyaux dévidés du pauvre manchot* s'allongeaient quelquefois sur les sentiers de mon sommeil.

— Ce qui va être dur, dit Lili, ce sera pour dormir la nuit.

—Je me ferai un lit de baouco, par terre, dans un coin de la grotte. C'est aussi bien qu'un matelas... Et puis, je t'apprendrai qu'on s'habitue à tout. Toi, naturellement, tu ne connais pas Robinson Crusoé, mais moi, je le connais très bien... C'était un marin. Il savait nager comme un poisson, mais il ne savait pas courir du tout, parce que, sur les bateaux, il n'y a pas de place... Eh bien, quand il a fait naufrage dans une île, au bout de trois mois, il courait si vite qu'il attrapait des chèvres sauvages!

— Ho ho! dit Lili avec force, ce type-là, je ne le connais pas, mais les chèvres, je les connais! Si c'est lui qui a raconté ça, tu peux être sûr que c'est un beau menteur!

c

— Puisque je te dis que c'est imprimé, dans un livre qu'on donne pour les prix!

C'était sans réplique: il dut se replier, mais il le fit sans perdre la face:

— Si c'était des chèvres pleines,* alors, je ne dis pas non. Mais toi, si tu t'amuses à attraper les chèvres de mon père...

— Mais non! dis-je. Je voulais te faire un exemple comme quoi* on s'habitue à tout! Si un jour j'attrape une chèvre de ton père, je lui tire un verre de lait, et puis je la lâche!

— Ça, dit Lili, c'est possible, et personne ne s'en apercevra.

La conversation continua ainsi jusqu'à midi.

Peu à peu, il se laissait persuader, à mesure que je m'installais sous ses yeux dans ma nouvelle vie.

Il déclara d'abord qu'il compléterait mon stock de provisions, en volant un sac de pommes de terre dans le cellier de sa mère, et au moins deux saucissons. Il me promit ensuite de garder pour moi, chaque jour, la moitié de son pain, et sa barre de chocolat. Puis, comme c'était un esprit pratique, il tourna sa pensée vers l'argent.

— Et d'abord, dit-il, nous allons prendre des douzaines de grives! Je n'en apporterai que la moitié à la maison, et nous irons vendre le reste à l'auberge de Pichauris! Un franc les « tordres »* et deux francs les sayres! Avec ça, tu pourras acheter du pain à Aubagne!

— Et je vendrai aussi des escargots au marché!

— Et le fenouil? s'écria-t-il. Il y a l'herboriste de La Valentine qui l'achète trois sous le kilo!

— J'en ferai de petits fagots, et tu iras les lui porter!

— Et avec tout cet argent, nous achèterons des pièges à lapin!

— Et du fil de fer mince pour faire des collets! Si nous prenons un lièvre, ça fera au moins cinq francs!

— Et de la glu pour prendre les grives vivantes! Une grive vivante, ça vaut six francs!

Comme je me levais pour le retour, un immense vol d'étourneaux, après un virage plongeant, s'abattit sur la pinède. Dans les cimes soudain grouillantes, plusieurs centaines d'oiseaux venaient de se poser. J'étais stupéfait et ravi.

— Chaque année, dit Lili, ils restent ici au moins quinze jours, et quand ils ont choisi un arbre, ils y reviennent chaque soir. Avec cinquante vergettes, tu te rends compte de ce qu'on aurait pris aujourd'hui?

— L'oncle Jules m'a dit qu'on pouvait les apprivoiser...

— Bien sûr, dit Lili. Mon frère en avait un. Et il parlait, mais il ne parlait que patois!

— Oh mais moi, dis-je, je leur apprendrai le français.

— Ça, dit Lili, ce n'est pas sûr, parce que c'est des oiseaux de la campagne...

Nous descendîmes à grands pas, en faisant mille projets.

Je me voyais, errant sur les barres du Taoumé, les cheveux au vent, les mains dans les poches, portant sur mon épaule un étourneau fidèle, qui me mordillerait tendrement l'oreille, et me ferait la conversation.

Les chasseurs étaient partis pour Pichauris, assez dépités de notre défection. Lili déjeuna à la maison, avec ma tante, ma mère, la petite sœur et Paul.

Il était grave, j'affectais une gaîté bruyante, ce qui fit grand plaisir à ma chère maman. Je la regardais avec tendresse, mais j'étais parfaitement décidé à la quitter la nuit suivante.

* * *

Je me suis souvent demandé comment j'avais pu prendre sans l'ombre d'un remords, et sans la moindre inquiétude, une résolution pareille: je ne le comprends qu'aujourd'hui.

Jusqu'à la triste puberté, le monde des enfants n'est pas le nôtre: ils possèdent le don merveilleux d'ubiquité.

Chaque jour, pendant que je déjeunais à la table de famille, je courais aussi dans la colline, et je dégageais d'un piège un merle encore chaud.

Ce buisson, ce merle, et ce piège étaient pour moi aussi réels que cette toile cirée, ce café au lait, ce portrait de M. Fallières* qui souriait vaguement sur le mur.

Lorsque mon père me demandait soudain: « Où es-tu? », je revenais dans la salle à manger, mais sans tomber du haut d'un rêve: ces deux mondes étaient de plain-pied.

Je répondais aussitôt: « Je suis ici! » sur le ton d'une protestation.

C'était vrai, et pendant un moment, je jouais à vivre avec eux; mais le bourdonnement d'une mouche créait aussitôt le ravin de Lancelot, où trois petites mouches bleues m'avaient suivi si long-temps, et la mémoire des enfants est si puissante, que dans ce souvenir soudain réalisé, je découvrais mille détails nouveaux que je croyais n'avoir pas remarqués, comme le bœuf qui rumine trouve dans l'herbe remâchée le goût de graines et de fleurs qu'il a broutées sans le savoir.

Ainsi, j'avais l'habitude de quitter ma chère famille, car je vivais le plus souvent sans elle, et loin d'elle. Mon expédition ne serait pas une nouveauté scandaleuse, et le seul changement à la vie quotidienne serait l'éloignement de mon corps.

Mais eux, que feraient-ils pendant ce temps-là? Je n'y pensais que vaguement, car je n'étais pas certain qu'ils pussent exister en mon absence; ou alors, s'ils persistaient à vivre, ce devait être d'une vie irréelle, et par conséquent, indolore.*

D'autre part, je ne partais pas pour toujours; j'avais l'intention de revenir parmi eux, et de les ressusciter à l'improviste. Je leur donnerais ainsi une joie si grande et si réelle qu'elle effacerait d'un seul coup les inquiétudes de leur mauvais rêve, et toute l'affaire serait soldée par un bénéfice de bonheur.

*   *   *

Après le déjeuner, Lili nous quitta, en disant que sa mère l'attendait pour battre au fléau les pois chiches: en réalité, il allait examiner le contenu du cellier, et préparer mes provisions, car il savait qu'elle était aux champs.

Je montai aussitôt dans ma chambre, sous prétexte de rassembler les petites affaires personnelles que je voulais emporter en ville — et je composai ma lettre* d'adieu:

> *Mon cher Papa,*
> *Ma chère Maman,*
> *Mes chers Parents,*

Surtout ne vous faites pas de mauvais sang. Ça ne sert à rien. Maintenant, j'ai trouvé ma vocation. C'est: hermitte.

J'ai pris tout ce qu'il faut.

Pour mes études, maintenant, c'est trop tard, parce que j'y ai Renoncé.

Si ça ne réussit pas, je reviendrai à la maison. Moi, mon bonheur, c'est l'Avanture. Il n'y a pas de danger. J'ai emporté deux cachets d'Aspirine des Usines du Rhône. *Ne vous affollez pas.*

Ensuite, je ne serais pas tout seul. Une personne (que vous ne connaissez pas) *va venir m'apporter du pain, et me tenir compagnie pendant les tempettes.*

Ne me cherchez pas: je suis introuvable.

Occupe-toi de la santé de maman. Je penserai à elle tous les soirs.

Au contraire, tu peux être fier, parce que pour se faire hermitte, il faut du Courage, et moi j'en ai. La preuve.

Quand vous reviendrez, vous ne me reconnaîtrez plus, si je ne vous dis pas: « C'est moi. »

Paul va être un peu jaloux, mais ça ne fait rien. Embrassez-le bien fort pour son Frère Aîné.

Je vous embrasse tendrement, et surtout ma chère maman.

Votre fils,

MARCEL,
l'Hermitte des Collines.

J'allai ensuite chercher un vieux morceau de corde que j'avais remarqué dans l'herbe près du puits de Boucan. Il mesurait à peine deux mètres, et plusieurs torons avaient été rompus par l'usure, à cause du frottement de la margelle. Cependant, il me sembla que ce chanvre pouvait encore porter mon poids, et qu'il me permettrait de descendre par la fenêtre de ma chambre. J'allai le cacher sous mon matelas.

Je préparai enfin le fameux « baluchon »: un peu de linge, une paire de souliers, le couteau pointu, une hachette, une fourchette, une cuillère, un cahier, un crayon, une pelote de ficelle, une petite casserole, des clous, et quelques vieux outils réformés.* Je cachai le tout sous mon lit, avec l'intention d'en faire un petit ballot au moyen de ma couverture, dès que tout le monde serait couché.

Les deux musettes avaient été mises au repos dans une armoire. Je les remplis de divers comestibles: des amandes sèches, des pruneaux, un peu de chocolat, que je réussis à extraire des paquets et ballots préparés pour le retour en ville.

J'étais très excité par ces préparatifs clandestins. En fouillant sans vergogne les bagages — même ceux de l'oncle Jules — je me comparais à Robinson, explorant l'entrepont du navire échoué, et découvrant mille trésors, sous la forme d'un marteau, d'une pelote de ficelle, ou d'un grain de blé.

Quand tout fut prêt, je décidai de consacrer à ma mère les dernières heures que je devais passer avec elle.

Je pelai soigneusement les pommes de terre, je secouai la salade, je mis le couvert et, de temps à autre, j'allais lui baiser la main.

Le dernier dîner fut excellent et copieux, comme pour célébrer un heureux événement.

Personne ne prononça un mot de regret. Au contraire, ils paraissaient tous assez contents de rentrer dans la fourmilière.

L'oncle Jules parla de son bureau, mon père avoua qu'il espérait les palmes académiques* pour la fin de l'année, la tante Rose, encore une fois, parla du Gaz... Je vis bien qu'ils étaient déjà partis.

Mais moi, je restais.

Une petite pierre tinta sur la ferrure du volet. C'était le signal convenu. J'étais déjà tout habillé; j'ouvris lentement la fenêtre. Un chuchotement monta dans la nuit:

— Tu y es?

Pour toute réponse, je fis descendre, au bout d'une ficelle, mon «baluchon». Puis j'épinglai ma *Lettre d'Adieu* sur l'oreiller et j'attachai solidement la corde à l'espagnolette. A travers la cloison, j'envoyai un baiser à ma mère, et je me laissai glisser jusqu'au sol.

Lili était là, sous un olivier. Je le distinguais à peine. Il fit un pas en avant, et dit à voix basse:

— Allons-y!

Il reprit sur l'herbe un sac assez lourd, qu'il chargea sur son épaule d'un tour de rein.

— C'est des pommes de terre, des carottes et des pièges, dit-il.

— Moi, j'ai du pain, du sucre, du chocolat et deux bananes. Marche, nous parlerons plus loin.

En silence, nous montâmes la côte jusqu'au Petit-Œil.

Je respirais avec délices l'air frais de la nuit, et je pensais, sans la moindre inquiétude, à ma nouvelle vie qui commençait.

Nous prîmes, une fois de plus, le chemin qui montait vers le Taoumé.

La nuit était calme, mais étroite: pas une étoile au ciel. J'avais froid.

Les insectes chanteurs de l'été, le petit peuple des vacances, ne faisaient plus vibrer le silence triste de l'invisible automne. Mais un chat-huant miaulait au loin, et une chouette lançait ses appels de flûte, que répétait fidèlement l'écho mélancolique de Rapon.

Nous marchions vite, comme il convient à des évadés. Le poids de nos paquets nous tirait les épaules, et nous ne disions pas un mot. Au bord du sentier, les pins immobiles avaient l'air de silhouettes en tôle, et la rosée avait mouillé tous les parfums.

Après une demi-heure de marche, nous arrivâmes devant le jas de Baptiste et, sur la large pierre du seuil, nous allâmes nous asseoir un moment.

Lili parla le premier.

— Il s'en est fallu de guère que je ne vienne pas t'appeler !*

— Tes parents te surveillaient?

— Oh non. Ce n'est pas ça.

— Alors qu'est-ce que c'est?

Il hésita, puis dit:

— Je croyais que tu ne le ferais pas.

— Et quoi donc?

— De rester dans la colline. Je croyais que tu l'avais dit comme ça, mais que finalement...

Je me levai, blessé dans mon orgueil.

— Alors, tu me prends pour une fille, qui change d'idée à tout moment? Tu crois que je parle pour ne rien dire? Eh bien tu apprendras que quand j'ai décidé quelque chose, je le fais toujours! Et si tu n'étais pas venu, je serais parti tout seul! Et si tu as peur, tu n'as qu'à rester là: moi, je sais où je vais!

Je repris ma route d'un pas assuré. Il se leva, remit le cou du sac sur son épaule et se hâta pour me rattraper. Il passa devant moi, s'arrêta, me regarda une seconde et dit avec émotion:

— Tu es formidable!

Je pris aussitôt l'air formidable, mais je ne répondis rien.

Il me regardait toujours et dit encore:

— Il n'y en a pas deux comme toi!

Enfin, il me tourna le dos et reprit la marche en avant... Cependant, dix pas plus loin, il s'arrêta de nouveau et, sans se retourner il dit encore:

— Il n'y a pas à dire: tu es formidable!

Cette admiration stupéfaite qui flattait ma vanité me parut soudain très inquiétante, et il me fallut faire un effort pour rester formidable.

J'étais sur le point d'y réussir lorsqu'il me sembla entendre au loin, sur notre droite, comme une glissade dans la pierraille. Je m'arrêtai, je tendis l'oreille. Le bruit recommença.

— Ça, dit Lili, c'est un bruit de la nuit... On ne sait jamais d'où ça vient. Remarque que ça fait toujours un peu peur, mais c'est pas dangereux: tu seras vite habitué.

Il se remit en marche, et nous arrivâmes au bord de la barre qui surplombait le plan de La Garette... A notre gauche commençait l'épaisse pinède du Taoumé. La brume de l'aube montait du sol entre les troncs, et ses lentes volutes roulaient sur la broussaille.

Une sorte d'aboiement, aigu et bref, mais trois fois répété, me fit tressaillir.

— C'est un chasseur?

— Non, dit Lili. C'est le renard, Quand il fait ça, c'est qu'il rabat quelque bête vers sa femelle: alors, il l'avertit...

La petite voix sauvage cria de nouveau trois fois, et je pensai à mon livre d'histoire naturelle: l'éléphant *barrit*,* le cerf *brame*, le renard *glapit*.

Alors, parce qu'il était nommé, ce cri perdit sa puissance nocturne: ce renard *glapissait*, rien de plus. J'avais porté son verbe cent fois dans mon cartable: je fus tout à fait rassuré, et j'allais faire part à Lili de ma science réconfortante, lorsqu'à ma gauche au fond de la pinède, dans la brume, une ombre assez haute passa rapidement sous les branches pendantes.

— Lili, dis-je à voix basse, je viens de voir passer une ombre!

— Où?

— Là-bas.

— Tu rêves, dit-il. C'est guère possible de voir une ombre dans la nuit...

— Je te dis que j'ai vu passer quelque chose!

— C'est peut-être le renard!

— Non... C'était plus haut... Ça ne serait pas ton frère qui va aux grives?

— Oh non! C'est trop tôt... Il reste au moins une heure de nuit...

— Ou alors un braconnier?

— Ça m'étonnerait... Ou alors...

Mais il s'arrêta et regarda à son tour vers la pinède, en silence.

— A quoi penses-tu?

Il me répondit par une autre question.

— Comment elle était,* cette ombre?

— Un peu comme l'ombre d'un homme.

— Grand?

— Ma foi, c'était loin... Oui, plutôt grand.

— Avec un manteau? Un long manteau?

— Tu sais, je n'ai pas bien vu. J'ai vu comme une ombre qui bougeait, et qui a disparu derrière un pin, ou un cade. Pourquoi me demandes-tu ça? Tu penses à quelqu'un qui a un manteau?

— Ça se pourrait, dit-il songeur. Moi, je ne l'ai jamais vu. Mais mon père l'a vu.

— Qui ça?

— Le grand Félix.

— C'est un berger?

— Oui, dit-il. Un berger de l'ancien temps.

— Pourquoi dis-tu de l'ancien temps?

— Parce que ça s'est passé dans l'ancien temps.

— Je ne comprends pas.

Il se rapprocha de moi et dit à voix basse:

— Ça fait au moins cinquante ans qu'il est mort. Mais il vaut mieux pas en parler, parce que ça risque de le faire venir!

Comme je le regardais, stupéfait, il chuchota dans mon oreille:

— C'est un fantôme!

Cette révélation était si inquiétante que, pour me rassurer, je fis appel à mon rire sarcastique et je dis, sur un ton de mordante ironie:

— Tu y crois, toi, aux fantômes?

Il parut effrayé et dit à voix basse:

— Ne crie pas si fort! Je te dis que ça risque de le faire venir!

Pour lui être agréable, je baissai le ton.

—Eh bien moi je t'apprendrai que mon père, qui est un savant, et mon oncle, qui est de la Préfecture, ils disent que c'est de la blague! Les fantômes, ça les fait rigoler. Et moi aussi, ça me fait rigoler! Oui, parfaitement, RIGOLER.

— Eh bien moi, mon père, ça ne le fait pas rigoler, parce qu'il l'a vu, lui, le fantôme; il l'a vu quatre fois.

— Ton père, c'est un brave homme, mais il ne sait même pas lire!

—Je ne te dis pas qu'il sait lire. Je te dis qu'il l'a *vu*!

— Où?

— Une nuit, pendant qu'il dormait au jas de Baptiste, il a entendu marcher dehors. Et puis un grand soupir, comme une personne qui meurt. Alors il a regardé par une fente de la porte, et il a vu un berger très grand, avec son manteau, son bâton et un chapeau énorme. Tout gris du haut en bas.

Toujours pour lui être agréable, je chuchotai:

— C'était peut-être un vrai berger?

— Oh que non! La preuve que c'était un fantôme, c'est que quand il a ouvert la porte, il n'y avait plus rien. Ni berger, ni fantôme, ni RIEN.

C'était une preuve accablante.

— Et qu'est-ce qu'il vient faire, ce fantôme? Qu'est-ce qu'il veut?

— A ce qu'il paraît qu'il était très riche, il avait au moins mille moutons. Des bandits l'ont assassiné; ils lui ont planté un grand poignard entre les épaules et ils lui ont pris un gros sac de pièces d'or. Alors, il revient tout le temps, pour se plaindre, et il cherche son trésor.

— Il sait bien que ce n'est pas nous qui l'avons pris.

— C'est ce que mon père lui a dit.

— Il lui a parlé?

— Bien sûr. A la quatrième fois qu'il est venu, il lui a parlé à travers la porte. Il lui a dit: «Ecoute, Félix, moi je suis berger comme toi. Ton trésor, je ne sais pas où il est. Alors, ne viens pas me casser les pieds,* parce que j'ai besoin de dormir.» Alors le fantôme n'a pas dit un mot, mais il s'est mis à siffloter pendant au moins dix minutes. Alors mon père s'est mis en colère, et il lui a dit: «Moi, je respecte les morts, mais si tu continues comme ça, moi je sors, et je te fous* quatre signes de croix et six coups de pied au derrière.»

— Il lui a dit ça?

— Oui, il lui a dit ça, et il l'aurait fait: mais l'autre a compris: il est parti, et il n'est plus jamais revenu.

Cette histoire était absurde, et je décidai de ne pas y croire : je fis donc appel à quelques-uns des mots favoris de mon père.

— Franchement, dis-je, je te trouve bien bête de me raconter ces préjugés, qui sont de la superstition. Le fantôme, c'est l'imagination du peuple. Et les signes de croix c'est l'obscurantise !*

— Ho ho ! dit-il, les signes de croix, pour les fantômes, c'est radical.* Ça, alors, personne ne peut dire le contraire ! Tout le monde te dira que ça les coupe en deux.

Je ricanai — assez faiblement — et je demandai :

— Et toi, naturellement, les signes de croix, tu sais les faire ?

— Bien sûr ! dit-il.

— Et comment c'est, cette pantomime ?

Il se signa solennellement plusieurs fois. Je l'imitai aussitôt, en ricanant. Alors, un bourdonnement surgit de la nuit, et je reçus un choc léger, mais très sec, au milieu du front. Je ne pus retenir un faible cri. Lili se baissa et ramassa quelque chose.

— C'est un capricorne,* dit-il.

Il l'écrasa sous son talon et se remit en marche. Je le suivis, en regardant derrière moi de temps à autre.

Nous étions presque sous le Taoumé, et je voyais nettement le contour de la barre qui surplombait le passage souterrain où j'allais vivre la grande aventure.

Lili s'arrêta soudain.

— Il y a une chose que nous avons oubliée!

Sa voix disait une grande inquiétude.

— Et laquelle?

Mais au lieu de me répondre, il secoua la tête, posa son sac dans les lavandes et commença un soliloque.

— D'avoir oublié ça, ça semble pas possible! Moi, j'aurais dû y penser. Mais toi aussi, tu l'as oublié... Et maintenant, qu'est-ce que nous allons faire?

Il s'assit sur une roche et, secouant toujours la tête, il croisa les bras et se tut.

Cette mimique un peu théâtrale m'irrita, et je dis sévèrement:

— Qu'est-ce qu'il te prend?* Tu deviens fou? Qu'est-ce que c'est que nous avons oublié?

Il me montra du doigt la barre et prononça ce mot mystérieux:

— Libou.*

— Qu'est-ce que tu veux dire?

— Legrosibou.

— Quoi?

Il s'énerva, et dit avec force:

— Celui qui a voulu nous crever les yeux! Le grand-duc! Il habite dans le plafond, il a sûrement sa femelle... Nous en avons vu qu'un, mais je te parie douze pièges qu'il y en a deux!

C'était une nouvelle terrifiante. On a beau être formidable, il y a des moments où le destin nous trahit.

Deux grosibous! Je les vis voler autour de ma tête, leur bec jaune ouvert sur des langues noires, les yeux glauques, la serre crochue, et rendus mille fois plus dangereux par les descriptions que j'en avais faites, descriptions confirmées par mes cauchemars... Je fermai les yeux de toutes mes forces, et je respirai profondément.

Non, non ce n'était pas possible: il valait mieux la classe de M. Besson, avec les carrés, les losanges, et les devoirs du Citoyen.

Lili répétait:

— Il y en a sûrement deux!

Alors, je fus d'autant plus formidable que j'étais décidé à battre en retraite quand le moment serait venu. Je lui répondis froidement:

— Nous aussi, nous sommes deux. Est-ce que tu aurais* peur, par hasard?

— Oui, dit-il, oui, j'ai peur. Toi, tu ne te rends pas compte d'une chose. L'hibou, nous l'avons vu le jour: c'est pour ça qu'il n'a pas bougé... Mais la nuit, ça, c'est son affaire:* pendant que tu dormiras, ils viendront te crever les yeux... Un grosibou, la nuit, c'est pire qu'un aigle!

Je pensai qu'en exagérant mon courage, il refuserait de me suivre. Je répondis gravement:

— C'est pour ça que nous allons attendre le lever du jour, et nous irons les attaquer! Avec le couteau pointu au bout d'un bâton, moi je me charge d'expliquer à ces volailles que la grotte a changé de locataires! Maintenant, assez de parlottes. Préparons-nous!

Cependant, je ne bougeais pas. Il me regarda et se leva d'un seul élan.

— Tu as raison! dit-il avec feu. Après tout, c'est que des oiseaux! Il n'y a qu'à couper deux beaux cades. Je taillerai le mien pointu-pointu,* et nous les embrochons comme des poulets!

Il fit quatre pas, ouvrit son couteau de berger, se baissa pour entrer dans le fourré et se mit à l'ouvrage.

Assis sur le gravier au pied d'un pin, je réfléchissais.

Tout en travaillant, il dit:

— S'ils ne veulent pas sortir de leur trou, moi j'enfoncerai mon bâton, et tu vas les entendre miauler!

Je vis qu'il ne plaisantait pas, et qu'il était bien décidé à l'attaque des « grosibous ». C'est lui qui était formidable, et j'eus honte de ma lâcheté.

Alors, j'appelai à mon secours l'un de mes héros favoris: Robinson

Crusoé... Si, en s'installant dans sa première grotte, il avait trouvé ces deux oiseaux, qu'aurait-il fait? Il n'était pas bien difficile de l'imaginer: il les eût aussitôt étranglés et plumés, en remerciant la Providence, avant de les rôtir sur une broche de bambou! Si je fuyais devant ces volatiles, je n'aurais plus le droit d'entrer dans un roman d'aventures, et les personnages des illustrations, qui m'avaient toujours regardé en face, détourneraient la tête pour ne pas voir un « cœur de squaw ».

D'ailleurs, il ne s'agissait plus de « grands-ducs », animaux puissants et farouches, dont le nom soulignait la taille et le courage, mais de « grosibous », qui me parurent infiniment moins redoutables.

Je pris d'une main ferme le couteau pointu, et je l'aiguisai sur une pierre.

Restait le fantôme. Je me répétai la puissante affirmation de mon père: LES FANTÔMES N'EXISTENT PAS. Sur quoi je fis discrètement cinq ou six répétitions du signe de la croix, qui les coupe en deux.

Lili sortit du fourré. Il tirait deux branches plus longues que lui et parfaitement droites. Il m'en donna une.

Je pris dans ma poche une longue ficelle et, sur le bout le plus mince du bâton de cade, je fixai le manche du terrible couteau. A côté de moi, Lili appointait son arme avec soin, comme s'il taillait un crayon.

Autour de nous, l'aube perçait le pâle brouillard: dans une lumière diffuse, de petits nuages de coton restaient accrochés sous les ramures des pins et sur la pointe des broussailles. Il faisait froid.

Mes nerfs, qui m'avaient soutenu toute la nuit, se calmèrent tout à coup, et je sentis que mon cou ne soutenait ma tête que par un effort de ma volonté; alors, j'appuyai un instant mon dos et ma nuque contre le tronc du pin, et mes paupières épaissies réchauffèrent mes yeux sableux.* J'allais sans doute m'endormir, lorsque, là-bas, sous la pinède, j'entendis craquer une branche sèche. J'appelai Lili à voix basse.

— Tu as entendu?

— C'est un lapin! dit-il.

— Les lapins ne montent pas dans les arbres.

— C'est vrai. Alors, c'est peut-être le renard.

Il taillait toujours sa branche, et il ajouta:

— Tu es formidable!

J'allais lui dire que sa réponse était absurde lorsque, là-bas, entre les troncs noirs qui commençaient à briller faiblement, je vis une haute silhouette: sous un grand chapeau, drapé dans une longue pèlerine, le berger passait à pas lents, devant quelques moutons de brume mal tondue, et il portait, droite entre ses épaules, la croix d'un poignard...

D'une main tremblante, je lui expédiai quatre ou cinq signes de croix. Mais au lieu de tomber en pièces, le fantôme se tourna vers moi, se signa lui-même, leva les yeux au ciel d'un air de défi et vint vers nous en ricanant... Je voulus crier, mais la peur me saisit à la gorge et je perdis connaissance...

Je sentis deux mains qui me tenaient aux épaules et j'allais hurler quand j'entendis la voix de Lili.

Elle disait:

— Hé! Dis donc! C'est pas le moment de dormir!

Il me relevait, car j'étais tombé sur le côté.

Je balbutiai:

— Tu as vu?

— Eh oui, dit-il. J'ai vu que tu tombais! Heureusement qu'il y avait tout ce thym: tu aurais pu te graffigner* la figure! Tu as tellement sommeil?

—Oh non, dis-je. C'est passé. Tu n'as pas vu... le fantôme?

— J'ai rien vu, mais j'ai encore entendu, du côté de là-haut... Après tout, c'est peut-être Mond de Parpaillouns*... Il faut faire attention qu'il ne nous voie pas... Regarde ma pique!

Il avait écorcé la branche, et le bois en était poli comme du marbre. Il m'en fit tâter la pointe, aussi aiguë que celle de mon couteau...

Quelques étoiles pâlissantes venaient de paraître sur le bord du ciel, du côté de la Sainte-Baume. Il se leva.

— On est prêt, dit-il. Mais il fait pas encore assez jour pour la bataille désibou. Nous avons le temps de passer par la Font Bré- guette: on remplira tes bouteilles.

Je le suivis, dans les lavandes trempées de rosée.

La Font* Bréguette était sur la gauche du Taoumé, sous une petite barre. Un trou carré, grand comme une auge de maçon, qui n'avait pas deux pans* de profondeur. Quelque chevrier du temps jadis l'avait patiemment creusé dans le rocher, à la base d'une fente moussue, et il était toujours à demi plein d'une eau glacée.

Lili coucha sous l'eau une bouteille vide: le glouglou roucoula comme un pigeon ramier.

— C'est ici que tu viendras boire, dit-il. Elle ne sèche jamais, et elle fait au moins dix litres par jour!

J'eus une inspiration — que je cherchais d'ailleurs depuis un moment. Je pris une mine inquiète et je dis:

— Dix litres? Tu es sûr?

— Oh oui! Et même peut-être quinze!

Avec une stupeur indignée, je m'écriai:

— Est-ce que tu plaisantes?

— Oh pas du tout! dit-il. Si je te dis quinze, tu peux me croire!

Alors, je criai:

— Et qu'est-ce que tu veux que je fasse avec quinze litres d'eau?

— Tu ne vas quand même pas boire tout ça?

— Non. Mais pour me laver?

— Pour se laver, avec une poignée d'eau ça suffit!

Je ricanai.

— Pour toi, peut-être. Mais moi il faut que je me savonne du haut en bas!

— Pourquoi? Tu es malade?

— Non. Mais il faut comprendre que je suis de la ville, ça fait que je suis tout plein de microbes. Et les microbes, il faut s'en méfier!

— Qu'est-ce que c'est?

— C'est des espèces de poux, mais si petits que tu ne peux pas les voir. Et alors, si je ne me savonne pas tous les jours, ils vont me grignoter petit à petit, et un de ces quatre matins, tu me trouves mort dans la grotte et tu n'auras plus qu'à aller chercher une pioche pour m'enterrer.

Cette perspective déplorable consterna mon cher Lili.

— Ça, alors, dit-il, ça serait couillon!*

Avec une mauvaise foi ignoble, je l'attaquai aussitôt.

— Aussi, c'est de ta faute. Si tu ne m'avais pas garanti qu'à la Font Bréguette il y avait de l'eau tant qu'on en voulait...

Il parut désespéré.

— Mais moi, je ne savais pas! Moi, des micropes,* j'en ai pas! Je sais même pas comment ça se dit en patois! Je me lave que le dimanche, comme tout le monde! Et même Baptistin dit que c'est pas naturel et que ça donne des maladies! Et Mond de Parpaillouns, il s'est jamais lavé de sa vie, il a plus de septante,* et regarde comme il est gaillard!

— Allons, allons, ne cherche pas d'excuse... C'est raté, et c'est bien raté*... C'est une catastrophe, mais enfin, tu ne l'as pas fait exprès... C'est le destin... C'était écrit...

Appuyé sur ma lance, je dis solennellement:

— Adieu. Je suis vaincu. Je rentre chez moi.

Je remontai vers le plateau: l'aurore frangeait de rouge les barres lointaines du Saint-Esprit.

Lorsque j'eus fait vingt mètres, comme il ne me suivait pas, je m'arrêtai, car je craignais qu'il ne me perdît de vue dans la faible clarté du point du jour. Alors je plantai la hampe de ma lance dans le gravier de la garrigue, je la tins à deux mains, et je laissai tomber mon front sur mes bras, dans l'attitude d'un guerrier accablé.

L'effet de cette manœuvre fut immédiat: il me rejoignit en courant, et me prit dans ses bras.

— Ne pleure pas, disait-il, ne pleure pas...

Je ricanai:

—Moi? Pleurer? Non, je n'ai pas envie de pleurer: j'ai envie de mordre! Enfin, n'en parlons plus.

— Donne-moi tes paquets, dit-il. Puisque c'est de ma faute, je veux les porter.

— Et ton sac?

— Je l'ai laissé là-bas. Je reviendrai le chercher dans la journée.

Maintenant, marchons vite, avant qu'ils aient vu ta lettre... Je suis sûr qu'ils sont encore couchés...

Il trotta devant moi; je le suivis sans mot dire, mais en poussant, de temps à autre, un grand soupir désespéré.

La maison, de loin, semblait noire et morte. Mais quand nous approchâmes, mon cœur se serra:* les volets de la chambre de mon père étaient encadrés par une raie de lumière.

— Je te parie qu'il est en train de s'habiller! dis-je.

— Alors, il n'a encore rien vu. Grimpe vite!

Il me fi: la courte échelle et je pus atteindre la corde qui devait révéler mon départ et qui assura mon retour. Puis, il me fit passer mon baluchon.

Plus haut que les dernières brumes, une alouette chanta soudain: le jour se levait sur ma défaite.

— Je remonte chercher mon sac, dit-il, et je redescends.

Ma lettre d'adieu était toujours à sa place. Je tirai l'épingle, je déchirai le papier en mille petits morceaux et je les lançai, en deux ou trois pincées, par la fenêtre, que je refermai sans bruit.

Alors, dans le silence, j'entendis comme une conversation à voix basse: cela venait de la chambre de mon père.

Il parlait très vite, et comme gaiement: il me sembla même distinguer un rire...

Eh oui, il riait de la fin des vacances... Il riait, dès son réveil, à la pensée de retrouver dans son tiroir ses tristes crayons, son encre et sa craie...

Je cachai mes baluchons sous mon lit: si on les découvrait, je dirais que j'avais voulu alléger les paquets de ma mère.

Je me couchai, honteux et glacé... J'avais eu peur, je n'étais qu'un lâche, un cœur de « squaw ». J'avais menti à mes parents, j'avais menti à mon ami, je m'étais menti à moi-même.

En vain, je cherchais des excuses: je sentis que j'allais pleurer... Alors, sur mon menton tremblant, je tirai l'épaisse couverture, et je m'enfuis dans le sommeil...

Quand je m'éveillai, le jour éclairait le trou de la lune,* et Paul n'était plus dans son lit. J'ouvris la fenêtre: il pleuvait. Non pas un bel orage sonore et violet, mais une pluie innombrable, patiente, qui tombait en gouttes de silence.

J'entendis soudain un bruit de roues, et je vis sortir, du coin de la maison, François, à la tête de son mulet, puis la charrette, surmontée d'un parapluie grand ouvert. La tante Rose, enveloppée dans une couverture, s'abritait sous cet appareil. Elle était entourée de nos bagages, et elle portait à gauche le petit cousin, et à droite la petite sœur. J'en conclus que ma mère et Paul avaient refusé de prendre place sur le véhicule, qui était d'ailleurs très encombré.

L'oncle Jules le suivait, sous un autre parapluie; il poussait sa bicyclette, et je les vis s'éloigner sur le triste chemin du retour.

Je trouvai la famille autour de la table: en compagnie de Lili, elle déjeunait de grand appétit.

Mon arrivée fut accueillie par une petite ovation. Mon père avait un drôle d'air.

— Pour la dernière nuit, dit-il en riant, le chagrin ne t'a pas empêché de dormir.

— Il a ronflé! s'écria Paul. Je lui ai un peu tiré les cheveux pour le réveiller, mais il ne l'a pas senti!

— Il s'est trop fatigué! dit mon père. Maintenant, mange, parce qu'il est neuf heures du matin, et nous ne serons pas à la maison avant une heure de l'après-midi, malgré le secours de l'omnibus du dimanche!

Je dévorai mes tartines. Devant Lili, j'étais honteux de mon échec, et je ne le regardais qu'à la dérobée.

Comme je ne savais que dire, je demandai:

— Pourquoi les autres sont déjà partis?

— Parce que François doit porter ses légumes aux Quatre-Saisons avant dix heures, dit ma mère. Tante Rose nous attendra chez Durbec, à l'omnibus.

Nous partîmes sous la pluie, dans nos pèlerines. Lili, sous un sac, voulut absolument nous accompagner. De petits ruisseaux coulaient dans les ornières, tous les bruits étaient amortis, nous ne rencontrâmes personne.

Au pied du village, devant le portail vert, l'omnibus attendait.

La tante Rose y était déjà installée avec les enfants, au milieu d'une foule de paysans endimanchés.

C'était une longue voiture verte, et de son toit pendaient de courts rideaux de toile, ornés d'une frange de ficelle. Les deux chevaux piaffaient, et le cocher, sous une pèlerine grise et un chapeau de toile cirée, sonnait de l'olifant pour appeler les retardataires.

Nous fîmes nos adieux à Lili sous les yeux des voyageurs.

Ma mère l'embrassa, ce qui le fit rougir une fois de plus, puis ce fut le tour de Paul. Comme je secouais sa main virilement, je vis des larmes dans ses yeux, tandis que sa bouche faisait une petite grimace. Mon père s'avança:

— Allons, dit-il, tu ne vas pas pleurer comme un bébé devant tous ces gens qui vous regardent!

Mais Lili baissait la tête sous son sac, et il grattait la terre avec la pointe de son soulier. Moi aussi, j'avais envie de pleurer.

— Il faut bien comprendre, dit mon père, que dans la vie, il n'y a pas que des amusements. Moi aussi, je voudrais bien rester ici, et vivre dans la colline! Même dans une grotte! Même tout seul, comme un ermite! Mais on ne peut pas toujours faire ce qui vous plaît!

L'allusion à un ermite me frappa: mais je compris que c'était une idée bien naturelle, puisque je l'avais eue. Il continua:

— Au mois de juin prochain, Marcel va se présenter à un examen très important, et il aura beaucoup à faire cette année, et surtout pour l'orthographe. Il met deux l à « affoler », et je parie qu'il ne saurait pas écrire « ermite ».

Je sentis que je rougissais, mais mon inquiétude ne dura qu'une seconde: il ne pouvait pas avoir lu ma lettre, puisque je l'avais retrouvée à sa place. Et d'autre part, s'il l'avait lue, on en aurait grandement parlé dès mon retour! D'ailleurs, il continua, tout naturellement:

— Il a donc besoin d'un travail assidu. S'il est sérieux, s'il fait des progrès rapides, nous reviendrons pour la Noël, pour le Mardi gras, et pour Pâques. Allons, ne pleurnichez pas devant tout le monde, et serrez-vous la main, comme deux chasseurs que vous êtes!... Au revoir, petit Lili. N'oublie pas que tu t'approches peu à peu de ton certificat d'études,* et qu'un paysan instruit en vaut deux ou trois!

Il allait sans doute continuer son homélie, lorsque le cocher souffla dans sa corne sur un ton impérieux, et fit claquer son fouet deux fois. Nous montâmes en hâte.

La dernière banquette, qui tourne le dos aux chevaux, était vide: comme ma mère et Paul avaient des nausées quand on les transportait à reculons, la famille s'installa au milieu des paysans, tandis que j'allais m'asseoir à l'arrière, tout seul.

Le frein fut desserré, et nous partîmes au petit trot.

Il pleuvait toujours.

Le cou rentré dans les épaules, comme ramassé sur moi-même, je mordillais un brin de menthe; ma main, dans ma poche, serrait un piège qui n'avait plus sa valeur meurtrière, mais qui devenait un objet sacré, une relique, une promesse... Au loin se dressait, éternelle, la masse bleue du Taoumé bien-aimé, qui dominait le cercle des collines à travers le flou de la pluie. Je pensais au sorbier tordu sous la barre de Baume-Sourne, aux gouttes tintantes de Font Bréguette, aux trois petites mouches vibrantes dans le vallon de Précatory... Je pensais au tapis de thym de la Pondrane, aux térébinthes pleins d'oiseaux, à la pierre de la musique,* à la douce lavande du gravier des garrigues...

De chaque côté de l'étroite route, deux murs de pierres nues, d'où pendaient des pariétaires trempées, fuyaient sans fin sous la pluie.

La haute guimbarde craquait, les jantes de fer écrasaient le gravier, le trot des chevaux tintait sur les pierres, la mèche du fouet claquait sourdement, comme un petit pétard mouillé...

On m'emportait de ma patrie, et de douces gouttes de pluie pleuraient pour moi sur mon visage... Je ne partais pas vers un but, avec ma poitrine et mon front: solitaire, dans un désespoir incommunicable, au son cadencé des sabots, je m'enfonçais dans l'avenir à reculons, comme la reine Brunehaut,* traînée longuement sur les pierres, ses cheveux blonds tressés à la queue d'un cheval.

Je retrouvai, sans aucune joie, la grande école: les platanes de la cour commençaient à perdre leurs feuilles jaunies, et chaque matin le concierge les brûlait en petits tas, au pied du grand mur gris... Par la fenêtre de la classe je voyais, au lieu de pinèdes, une triste rangée de portes de cabinets...

Je fis mon entrée en quatrième primaire, dans la classe de M. Besson.

Il était jeune, grand, maigre, déjà chauve, et il ne pouvait pas déplier l'index de sa main droite, qui restait toujours en crochet.

Il me fit grand accueil, mais m'inquiéta beaucoup en me disant que ma vie entière dépendait de mes études de cette année, et qu'il serait forcé de me « serrer la vis », parce que j'étais « son » candidat au concours des « bourses » du lycée. Dans ce redoutable tournoi, l'enseignement « primaire » allait affronter l'enseignement « secondaire ».

Je fus d'abord plein de confiance, car ce mot de « secondaire » signifiait, pour moi, « de second ordre », et par conséquent « facile ».

Je m'aperçus bientôt que mon père et ses collègues ne partageaient pas cette opinion, et que ma candidature engageait l'honneur de toute l'école.

Cet état-major « prit l'affaire en main », à la manière d'une brigade de la police judiciaire,* dont les inspecteurs se relaient pour l'interrogatoire d'un suspect.

M. Besson, qui me faisait la classe six heures par jour, dirigeait l'enquête, et centralisait les renseignements.

Il me fallut venir à l'école, le JEUDI* MATIN, à 9 heures.

M. Suzanne, maître vénéré du Cours supérieur, dont la pédagogie était infaillible, m'attendait dans sa classe vide, pour m'intriguer par des problèmes supplémentaires: des trains se rattrapaient, des cyclistes se rencontraient, et un père, qui avait sept fois l'âge de son fils, voyait fondre son avantage au fil des ans.* Vers onze heures, M. Bonafé venait contrôler mes « analyses logiques »* et m'en offrait de nouvelles, que je serais sans doute incapable de refaire aujourd'hui. Les jours de semaine, M. Arnaud (qui avait eu un moment l'idée d'entrer dans les P.T.T.)* me forçait à faire les cent pas avec lui, pendant les récréations, et me psalmodiait des litanies de sous-préfectures* (où je ne suis jamais allé, et dont ma mémoire s'est fort heureusement débarrassée).

De plus, M. Mortier, qui avait une jolie barbe blonde, et une bague en or au petit doigt, confiait parfois ses élèves à mon père, pendant l'étude du soir, puis il m'entraînait dans sa classe vide et me posait mille questions sur l'histoire de France. Cette science m'intéressait, dans la mesure où elle était romanesque: « Courbe la tête, fier Sicambre ! »,* la plaisante farce de Rollon,* la cage de fer du cardinal de La Balue,* la soupe aux corbeaux de la retraite de Russie,* et ce trop efficace bouton de guêtre dont l'absence nous fit perdre la guerre de 70.*.

Mon père s'était réservé la surveillance de l'orthographe et m'administrait, chaque matin, avant mon café au lait, une dictée de six lignes, dont chaque phrase était minée comme une plage de débarquement.

« *La soirée que vous avez passée avec nous. — Nous avons passé une bonne soirée. — Les gendarmes que nous avons vus, et les soldats que nous avons vu passer...* »

Je travaillais avec courage, mais bien souvent ces gendarmes et ces soldats passaient en vain, car j'entendais grésiller des cigales, et au lieu des rameaux dépouillés des platanes de la cour, je voyais un coucher de soleil sanglant sur Tête-Rouge: mon cher Lili descendait le raidillon de La Badauque, en sifflant, les mains dans les poches, avec un collier d'ortolans et une ceinture de grives...

En classe, quand M. Besson, du bout d'une longue règle, suivait sur la carte murale les méandres d'un fleuve inutile, le grand figuier du jas de Baptiste surgissait lentement du mur; au-dessus de la masse des feuilles vernies s'élançait la haute branche morte, et au bout, tout au bout, blanche et noire, une pie.

Alors, une douleur très douce élargissait mon cœur d'enfant, et pendant que la voix lointaine récitait des noms d'affluents, j'essayais de mesurer l'éternité qui me séparait de la Noël. Je comptais les jours, puis les heures, puis j'en retranchais le temps du sommeil, et par la fenêtre, à travers la brume légère du matin d'hiver, je regardais la pendule de l'école: sa grande aiguille avançait par saccades, et je voyais tomber les petites minutes comme des fourmis décapitées.

Le soir, sous la lampe, je « faisais mes devoirs » sans mot dire. Il ne me restait pas beaucoup de temps pour m'occuper de Paul. Il devenait pourtant bien intéressant, car il avait un voisin de classe qui était un puits de science: il nous rapportait presque chaque soir quelque plaisanterie scatologique, ou des jeux de mots dans le genre de « Comment allez-vous yau de poêle »,* qui le faisaient rire à s'étouffer. Nous n'avions plus guère le temps de parler, si ce n'est pendant l'opération familière dont nous étions responsables deux fois par jour, et qui s'appelait mettre le couvert.

Ma chère maman était effrayée de me voir penché si longtemps sur mes devoirs, et la séance du jeudi matin lui paraissait une invention barbare: elle me soignait comme un convalescent, et préparait pour moi des nourritures délicieuses, malheureusement précédées par une grande cuillerée d'huile de foie de morue.

Tous comptes faits, je « tenais le coup », et mes progrès faisaient tant de plaisir à mon père qu'ils me parurent moins douloureux.

Un jour en rentrant de l'école à midi, après une séance supplémentaire d'analyses grammaticales, le petit Paul, penché sur la rampe, cria dans l'escalier sonore:

— On t'a écrit une lettre à la poste! Il y a un timbre dessus!

J'escaladai les marches deux à deux, et la rampe vibrante sonna comme une harpe de bronze.

Sur la table, près de mon assiette, une enveloppe jaune portait mon nom, tracé en lettres inégales sur une ligne retombante.

— Je parie, dit mon père, que ce sont des nouvelles de ton ami Lili!

Je n'arrivai pas à ouvrir l'enveloppe, dont je déchirai tour à tour les quatre coins: mon père la prit, et de la pointe d'un couteau, en découpa le bord avec une habileté de chirurgien.

Il en tomba d'abord une feuille de sauge, et une violette séchée.

Sur trois feuilles d'un cahier d'écolier, avec une grosse écriture, dont les lignes ondulantes contournaient des taches d'encre, Lili me parlait.

> *O collègue!*
>
> *je met* la main à la Plume pour te dire que les grive sont pas venu cet année. rien mé rien. même les darenagaz sont parti. comme Toi. jen n'ai pas prit Deux. les perdrots non plus. j'y vais plus cé pas la pène. il veau bien mieux Travaillé a l'Ecole pour aprendre l'Ortografe autrement quoi? c'est pas posible. même des saludes il n'y a pas guaire. elle sont peutites, les soiseaux en veut pas. Cet Malheureut, tu as de la Chanse de pas être ici cet un Dézastre. je me langui* que tu vien. alor, les Soiseaus tant bien,* et les perdrots — et les Grive pour noèl. En plus, il m'ont volé douze Pièje et au moins Sinquante Grive. Je sé quicé. les plus Beau Pièje. cé celui d'Allo, le Boiteut. Rapèle toi que je m'en rapèlerai. et en plus il fet froid, avec mistralle. tous les jours à la chasse j'ai les Pieds glassés. heureusement j'ai le Cachené. mais je me langui de toi. batistin est contant: il prent trente grive par jour. à la Glue avantiers, dix orthollan, et Samedi douze saire gavotte.* à la Glue. avantiers je*

suis été sous tête Rouge, j'ai voulu écouter la Pierre. sa m'a glassé l'oreille. èle veut plus chanté èle fet que Pleuré. voila les nouvèle. salut la Companie. je t'envois une feuille de soge pour toi et une viollète pour ta mère. ton ami pour la vie Lili.

mon Adrèse. Les Bellons Par Lavalantine France.

çà fet trois jours que je t'écrit, pasque le soir je continut. ma Mère est contante. èle se croit que je fét mes Devoirs. Sur mon Cahier. Après, je décire la paje. le tonère a escagasé* le grand Pin de Lagarète. Il reste plus que le Tron, et pouintu come un siflé. Adessias.* je me langui de toit. mon adrèse: les Bélons parlavalantine. France. le facteur s'apèle Fernan, tout le monde le connet, il ne peut pas se trompé. il me connet très Bien. moi aussi.*

ton ami pour la vie. Lili.

Il ne fut pas facile de déchiffrer cette écriture que l'orthographe n'éclairait guère. Mais mon père, grand spécialiste, y parvint, après quelques tâtonnements. Il dit ensuite:

— Il est heureux qu'il lui reste trois ans pour préparer le certificat d'études!

Puis il ajouta, en regardant ma mère:

— Cet enfant a du cœur, et une vraie délicatesse.

Enfin, il se tourna vers moi.

— Garde cette lettre. Tu la comprendras plus tard.

Je la pris, je la pliai, je la mis dans ma poche, et je ne répondis rien: j'avais compris bien avant lui.

Le lendemain, en sortant de l'école, j'allai au bureau de tabac, et j'achetai une très belle feuille de papier à lettres. Elle était ajourée en dentelle sur les bords,* et décorée, en haut à gauche, par une hirondelle imprimée en relief, qui tenait dans son bec un télégramme. L'enveloppe, épaisse et satinée, était encadrée par des myosotis.

Dans l'après-midi du jeudi, je composai longuement le brouillon de ma réponse. Je n'en sais plus les termes exacts, mais j'en ai retenu le sens général.

Je le plaignais d'abord, à cause de la disparition des grives, et je le priais de féliciter Baptistin, qui savait les prendre à la glu en leur absence. Je lui parlais ensuite de mes travaux scolaires, des soins attentifs dont j'étais l'objet, et de la satisfaction de mes maîtres. Après ce paragraphe assez peu modeste, je lui annonçai que la Noël était à trente-deux jours dans l'avenir, mais qu'à cette époque nous serions encore assez jeunes pour courir les collines, et je lui promis des hécatombes de grives et d'ortolans. Enfin, après avoir donné des nouvelles de la famille — qui me semblait en pleine prospérité — je le priai de présenter mes condoléances au pin « escagassé » de La Garette, et de faire mes amitiés consolatrices à la Pierre Désolée. Je terminai par des paroles d'amitié fervente, que je n'aurais jamais osé lui dire en face.

Je relus deux fois ma prose, et j'y apportai quelques corrections de détail; puis, armé d'une plume* neuve, je la recopiai, un buvard sous la main et la langue entre les dents.

Ma calligraphie fut soignée, et mon orthographe parfaite, car je vérifiai, au moyen du *Petit Larousse*,* quelques mots douteux. Le soir, je montrai mon ouvrage à mon père: il me fit ajouter quelques *s*, et barrer un *t* inutile, mais il me félicita, et déclara que c'était une belle lettre, ce qui remplit d'orgueil mon cher petit Paul.

Le soir, dans mon lit, je relus le message de Lili, et son orthographe me parut si comique que je ne pus m'empêcher d'en rire…

Mais je compris tout à coup que tant d'erreurs et de maladresses étaient le résultat de longues heures d'application, et d'un très grand effort d'amitié : alors, je me levai sans bruit sur mes pieds nus, j'allumai la lampe à pétrole, et j'apportai ma propre lettre, mon cahier et mon encrier sur la table de la cuisine. Toute la famille dormait : je n'entendais que la petite musique du filet d'eau qui tombait dans la cuve de zinc, au-dessus de l'évier.

Je commençai par arracher d'un coup sec, trois pages du cahier : j'obtins ainsi les dentelures irrégulières que je désirais. Alors, avec une vieille plume, je recopiai ma trop belle lettre, en supprimant la phrase spirituelle qui se moquait de son tendre mensonge. Je supprimai aussi au passage les *s* paternels ; j'ajoutai quelques fautes d'orthographe, que je choisis parmi les siennes : les orthollans, les perdrots, batistin, la glue et le dézastre. Enfin, je pris soin d'émailler mon texte de quelques majuscules inopinées. Ce travail délicat dura deux heures, et je sentis que le sommeil me gagnait... Pourtant, je relus sa lettre, puis la mienne. Il me sembla que c'était bien, mais qu'il manquait encore quelque chose : alors, avec le manche de mon porte-plume, je puisai une grosse goutte d'encre, et sur mon élégante signature, je laissai tomber cette larme noire : elle éclata omme un soleil.

Les trente-deux derniers jours du trimestre, allongés par la pluie et par le vent d'automne, me semblèrent interminables, mais la patience de la pendule en vint à bout.

Un soir de décembre, en sortant de l'école — où M. Mortier m'avait retenu un quart d'heure de plus au beau milieu des Rois Fainéants* — je reçus un grand coup au cœur en entrant dans la salle à manger.

Dans une valise en carton, ma mère entassait des lainages.

Sur la table, que la lampe de la suspension illuminait à toute mèche,* les pièces démontées du fusil de mon père s'étalaient autour d'une soucoupe pleine d'huile.

Je savais que nous devions partir dans six jours, mais je m'étais toujours efforcé de ne pas imaginer ce départ, afin de garder mon sang-froid. La vue de ces préparatifs, de cette activité qui faisaient déjà partie des vacances, me causa une émotion si forte que des larmes montèrent à mes yeux. Je posai mon cartable sur une chaise, et je courus m'enfermer dans les cabinets, pour y pleurer en riant tout à mon aise.

J'en sortis au bout de cinq minutes, un peu calmé, mais le cœur battant. Mon père remontait les platines du fusil, et ma mère essayait, sur la tête de Paul, un passe-montagne tricoté.

D'une voix un peu étranglée, je demandai:

— Nous partirons, même s'il pleut?

— Nous avons neuf jours de vacances! dit mon père. Et même s'il pleut, nous partirons!

— Et si c'est le tonnerre? dit Paul.

— Il n'y a jamais de tonnerre en hiver.

— Pourquoi?

Mon père répondit catégoriquement:

— Parce que.* Mais naturellement, si la pluie est trop forte, nous attendrons le lendemain matin.

— Et si c'est une pluie ordinaire?

— Alors, dit mon père, on se fera bien minces, on marchera vite, en fermant les yeux, et nous passerons entre les gouttes!

*   *   *

Le jeudi après-midi, ma mère nous mena chez la tante Rose, pour savoir ce qu'elle avait décidé. Ce fut une grande déception: elle déclara qu'elle ne pouvait pas « monter à la villa », à cause du cousin Pierre, qui prenait une importance tout à fait injustifiée. Ce pompeur* de biberons commençait à bavoter* des sons informes, auxquels elle répondait de vraies paroles, pour nous faire croire qu'il avait dit quelque chose. C'était un spectacle navrant.

De plus, devant ma mère émerveillée, elle retroussa les babines du petit animal, et nous montrant sur sa gencive un grain de riz, elle affirma que c'était une dent, et qu'à cause de cette dent, elle craignait pour lui le froid, le vent, la pluie, l'humidité et surtout l'absence de Gaz.

Nous essayâmes quelques cajoleries, mais sans résultat. Il fallut bien nous rendre à l'évidence: il n'y avait plus de tante Rose.

Mais il restait, cependant, quelques traces chasseresses* de l'oncle Jules: il déclara qu'il viendrait chaque matin, sur sa bicyclette, pour tirer les grives, et qu'il redescendrait avant la nuit. Il le dit assez gaillardement, mais je vis bien qu'il eût préféré rester avec nous. Alors, pour la première fois, je compris que les grandes personnes ne font jamais ce qui leur plaît, et qu'elles sont bêtes.

En redescendant les escaliers, dans la pénombre, Paul tira la conclusion de ce désastre, et il dit, d'une voix égale:

— Moi, quand j'aurai des enfants, je les donnerai à quelqu'un.

Le matin du vendredi, mon père alla faire sa dernière « surveillance » à l'école, où ce qui restait d'élèves battaient la semelle dans la cour agrandie.* Depuis quelques jours, le froid était vif : dans le placard de la cuisine, la bouteille d'huile d'olive paraissait pleine de coton, ce qui me donna l'occasion d'expliquer à Paul qu'au pôle Nord, « c'était comme ça tous les matins ».

Mais notre mère avait déjoué par avance l'agression subite de l'hiver. Elle nous ensacha* l'un après l'autre dans plusieurs caleçons, tricots, combinaisons, blouses et blousons superposés, et sous les « passe-montagnes » à oreilles nous avions l'air de chasseurs de phoques.

La beauté de cet équipement me ravit : mais je découvris par la suite ses inconvénients. Il y avait tant de boutons, de crochets, de brides et d'épingles de sûreté que le grand problème, c'était de faire pipi proprement : Paul n'y réussit jamais.

A la place de la petite sœur, on ne voyait qu'un petit nez rouge qui sortait d'une espèce d'édredon ambulant. Ma mère, avec une toque, un col et un manchon de fourrure (en lapin, bien entendu), ressemblait aux belles patineuses canadiennes qui glissaient sur le calendrier des postes, et comme le froid lui donnait des couleurs, elle était plus jolie que jamais.

A onze heures, Joseph arriva. Il avait déjà mis — pour l'admiration de ses collègues — une veste de chasse toute neuve, plus simple que celle de l'oncle Jules, car elle avait moins de poches, mais plus belle, parce qu'elle était d'un gris bleuté, qui faisait ressortir les boutons de cuivre ornés d'une tête de chien.

Après un déjeuner de pure forme, chacun prépara ses « paquets ».

Ma mère avait prévu qu'au village, l'été fini, le « Boulanger-Tabac-Epicerie-Mercerie-Comestibles » ne pourrait nous fournir rien d'autre que le pain, la farine, la moutarde, le sel, et quelques pois chiches : véritables chevrotines végétales qu'il fallait attendrir par des bains de trois jours, avant de les cuire dans une eau cendreuse.

C'est pourquoi nous emportâmes des provisions assez importantes.

Ces richesses (qui comprenaient un saucisson de grand luxe, puisqu'il était entier, et qu'il portait une ceinture d'or) étaient enfermées dans des carrés d'étoffe, noués par leurs quatre coins. Il y en avait trois, qui étaient assez lourds : j'en avais confectionné un quatrième, gonflé de coton, de boîtes vides, et de boules de papier froissé, pour la gloire du petit Paul.

Mais ce n'était pas tout : comme la fortune de la famille ne nous avait jamais permis de posséder deux exemplaires de chaque ustensile, il n'en restait aucun à la Bastide Neuve.*

Mon père avait donc entassé, dans un vaste sac tyrolien,* le matériel indispensable : les casseroles, la passoire, la poêle à frire, la poêle à marrons, l'entonnoir, la rape à fromage, la cafetière et son moulin, la cocotte, les gobelets, les cuillères et les fourchettes. Le tout fut noyé sous un flot de marrons, qui devaient remplir les vides, et assurer le silence de la ferblanterie.

Ce fret fut arrimé sur le dos de mon père, et ce fut le départ pour la « Gare de l'Est ».

Cette « gare » n'était rien d'autre que le terminus souterrain d'un tramway, et son nom même était une galéjade.* L'Est, en la circonstance ce n'était pas la Chine, ni l'Asie Mineure, ni même Toulon : c'était Aubagne, où s'arrêtaient modestement les rails de l'Est, sous des platanes occidentaux.

Cependant la gare fit sur moi une grande impression, à cause du tunnel dont elle était l'origine. Il s'enfonçait dans la nuit, encore tout noir de l'antique fumée d'un tram à vapeur, qui, sous une cheminée en entonnoir, avait été, comme toute chose, le dernier mot du Progrès. Mais le Progrès ne cesse jamais de parler, et il avait dit un autre dernier mot, qui était le « tram électrique ».

Nous l'attendîmes, parqués entre des barrières en tubes de fer, au milieu d'une longue file, que les nouveaux arrivants n'allongeaient pas, mais comprimaient.

Aujourd'hui même, je vois encore Joseph, le menton pointé en avant, les épaules tirées en arrière par les bretelles tyroliennes, et s'appuyant comme un évêque sur un balai les poils en l'air...

*   *   *

Annoncé par le grincement des roues dans les courbes, le tram clignotant surgit enfin de la nuit, et s'arrêta juste devant nous.

Un employé à casquette ouvrit le portillon, et la ruée nous emporta.

Ma mère, mue par deux magnifiques commères, se trouva assise en bonne place sans avoir rien fait pour le mériter: nous autres hommes, nous restâmes debout sur la plate-forme arrière, à cause du volume de nos paquets. Mon père cala le sac contre la cloison et dès le début du voyage, l'entonnoir et la poêle à frire — en dépit des sourdes* châtaignes — sonnèrent indiscrètement une sorte d'angélus.

Le tunnel, vaguement éclairé par des lumignons dans des niches, n'était composé que de courbes et de virages: après un quart d'heure de grincements et de cahots, nous sortîmes des entrailles de la terre, juste au début du boulevard Chave, à 300 mètres à peine de notre point de départ... Mon père nous expliqua que cet ouvrage singulier avait été commencé par les deux bouts, mais que les équipes terrassières, après une longue et sinueuse flânerie souterraine, ne s'étaient rencontrées que par hasard.

Le voyage à l'air libre fut plaisant* et rapide, et je fus bien surpris quand je vis que mon père se préparait à quitter la machine: je n'avais pas reconnu La Barasse.

Dans la grand-ville, les seules marques de l'hiver étaient le ronflement du poêle, le cache-nez, la pèlerine, et cet allumeur de réverbères qui pressait sur sa poire* à l'heure du goûter; mais la banlieue, qui ressemblait maintenant à un dessin à la plume, me montra le vrai visage de la saison.

Sous un petit soleil d'hiver, qui était pâle et tondu comme un moine, nous retrouvâmes le chemin des vacances. Il était grandement élargi: décembre, cantonnier nocturne, avait brûlé les herbes folles, et dégagé le pied des murs. La molle poussière de l'été, cette farine minérale dont un seul coup de pied bien placé pouvait soulever de si beaux nuages, était maintenant pétrifiée, et le haut-relief des ornières durcies se brisait en mottes sous nos pas. A la crête des murs, les figuiers amaigris dressaient les branches de leurs squelettes, et les clématites pendaient comme de noirs bouts de ficelle. Ni cigales, ni sauterelles, ni larmeuses.* Pas un son, pas un mouvement. Seuls, les oliviers des vacances avaient gardé toutes leurs feuilles, mais je vis bien qu'ils frissonnaient, et qu'ils n'avaient pas envie de parler.

Pourtant, nous n'avions pas froid, grâce à nos équipements et au poids de nos paquets, et nous marchions d'un bon pas sur cette route nouvelle. Sans nous arrêter, nous goûtâmes de grand appétit, et le voyage en fut raccourci. Mais comme je commençais à distinguer, là-haut, le cône de la grande Tête Rouge, le soleil disparut tout à coup. Non pas dans un couchant de gloire triomphale, sur des strates* de pourpre et d'écarlate, mais par une sorte de glissade furtive, et peut-être involontaire, sous des nuages gris sans forme et sans relief. La lumière baissa, le ciel cotonneux descendit, et se posa comme un couvercle sur la crête des collines, dont le golfe nous entourait déjà.

Tout en cheminant, je pensais à mon cher Lili. Où était-il? Nous ne serions pas à la villa avant la tombée de la nuit. Peut-être allions-nous le trouver à la Bastide Neuve, assis sur la pierre du seuil, près d'une musette pleine de grives? Ou peut-être était-il en route pour venir à ma rencontre?

Je n'osais guère l'espérer, à cause de l'heure et du froid: car dans le crépuscule violet, une poussière d'eau glacée s'était mise à tomber lentement. C'est alors qu'à travers cette bruine, je vis briller la petite flamme du premier réverbère à pétrole: au pied de la côte, il annonçait le village.

Dans le rond de lumière jaune qui tremblotait sur la route mouillée, je distinguai une ombre sous un capuchon...

Je courus vers lui, il courut vers moi. Je m'arrêtai à deux pas... Il s'arrêta, lui aussi, et comme un homme, me tendit la main. Je la serrai virilement, sans dire un mot.

Il était rouge de plaisir et d'émotion. Je devais l'être plus que lui.

— Tu nous attendais?

— Non, dit-il. J'étais venu pour voir Durbec.

Il me montra le portail vert.

— Pourquoi faire?

— Il m'avait promis des aludes. Il y en a plein dans un saule, juste au bord de son pré.

— Il t'en a donné?

— Non. Il n'était pas chez lui... Alors, j'ai un peu attendu, pour voir s'il ne revenait pas... Je crois qu'il est allé aux Camoins.

Mais, à ce moment, le portail s'ouvrit, et un petit mulet en sortit. Il traînait une carriole aux lanternes allumées, et c'était Durbec qui tenait les rênes. Au passage, il nous cria: « Salut, bonjour la compagnie ! ».

Lili devint tout rouge, et courut brusquement vers ma mère, pour la décharger de ses paquets.

Alors je ne posai plus de question. J'étais heureux parce que je savais qu'il m'avait menti: oui, il était venu m'attendre, dans la grisaille de la Noël, sous cette fine pluie froide dont les gouttes brillantes restaient accrochées à ses longs cils. Il était descendu des Bellons, mon petit frère des collines... Il était là depuis des heures, il y serait resté jusqu'à l'épaisseur de la nuit, avec l'espoir de voir paraître, au tournant de la route luisante, le capuchon pointu de son ami.

*   *   *

La première journée, celle de la Noël, ne fut pas une vraie journée de chasse: il fallut aider ma mère à mettre en ordre la maison, clouer des « bourrelets » aux fenêtres (qui soufflaient des musiques glacées) et ramener, de la pinède voisine, une grande récolte de bois mort. Cependant, malgré tant d'occupations, nous trouvâmes le temps de placer quelques pièges au pied des oliviers, dans la « baouco » gelée, mais constellée d'olives noires.

Lili avait réussi à conserver des aludes dans une petite caisse où elles se nourrissaient de papier buvard: servies au milieu des olives, elles séduisirent une douzaine de grives, qui tombèrent de branche en broche pour compléter le repas de Noël, qui eut lieu le soir même, car nous fîmes le grand souper « des treize desserts »,* devant un brasier pétillant.

Lili — notre invité d'honneur — observa tous mes gestes, et s'efforça d'imiter le gentleman qu'il croyait que j'étais.

Dans un coin de la salle à manger, un petit pin, devenu sapin pour la circonstance: à ses branches étaient suspendus une douzaine de pièges tout neufs, un couteau de chasse, un poudrier, un train à ressort,* du fil d'archal pour faire des collets, des sucres d'orge, un pistolet à bouchon,* enfin toutes sortes de richesses. Lili ouvrait de grands yeux, et ne disait pas un mot: on l'aurait pris sous un chapeau.*

Ce fut une soirée mémorable: je n'en avais jamais vécu d'aussi longue. Je me gavai de dattes, de fruits confits, et de crème fouettée; je fus si bien secondé par Lili que vers minuit, je constatai qu'il respirait par saccades, et qu'il gardait la bouche ouverte pendant des minutes entières. Par trois fois, ma mère nous proposa le sommeil. Par trois fois nous refusâmes, car il restait encore des raisins secs, que nous croquâmes sans plaisir véritable, mais à cause du luxe qu'ils représentaient.

Vers une heure du matin, mon père déclara que « ces enfants allaient éclater », et se leva.

Mais à ce moment même, je crus entendre au loin les cris de souris de la bicyclette de l'oncle Jules: cependant, il était une heure du matin, et il gelait à pierre fendre: sa venue me parut tout à fait improbable, et je croyais avoir rêvé lorsque ma mère tendit l'oreille, et dit surprise:

— Joseph, voilà Jules! Est-ce qu'il serait arrivé quelque chose?

Mon père écouta à son tour: les crissements se rapprochaient.

— C'est lui, dit-il. Mais sois sans inquiétude: s'il était « arrivé quelque chose », il ne serait pas venu jusqu'ici!

Il se leva, et ouvrit la porte toute grande: nous distinguâmes la silhouette d'un ours énorme, qui débouclait les courroies du porte-bagages: l'oncle fit son entrée dans un pardessus de fourrure à longs poils, que complétait un cache-nez à quatre tours,* et il posa un gros paquet sur la table en disant: « Joyeux Noël! » tandis qu'il déroulait son cache-nez.

J'ouvris aussitôt le paquet: encore des jouets, encore des pièges, un gros sac de marrons glacés, et une bouteille de liqueur.

Mon père fronça le sourcil: puis il examina l'étiquette, qui brillait de plusieurs couleurs, et parut rasséréné.

— Voilà, dit-il, une liqueur honnête! C'est du vin, oui, mais du vin cuit*: c'est-à-dire qu'en le faisant bouillir, on l'a débarrassé de son alcool!

Il nous en versa deux doigts* à chacun, et la fête continua, tandis que ma mère emportait Paul endormi.

— Nous sommes heureux de votre venue, dit mon père, mais nous ne vous attendions pas... Vous avez donc abandonné Rose et le bébé?

— Mon cher Joseph, dit l'oncle, je ne pouvais pas les conduire à la messe de minuit, à laquelle je n'ai jamais manqué d'assister depuis mon enfance. Et d'autre part, il n'eût pas été raisonnable de rentrer à la maison vers une heure du matin, en prenant le risque de les réveiller. J'ai donc choisi d'entendre la messe de Noël dans l'église de La Treille, et de monter célébrer avec vous la naissance du Sauveur!

Je trouvai qu'il avait eu une heureuse idée, car je déshabillais* déjà les marrons glacés, sous les yeux de Lili qui n'en avait encore jamais vu.

— Cette messe, dit l'oncle, a été très belle. Il y avait une crèche immense, l'église était tapissée de romarins en fleurs, et les enfants ont chanté d'admirables Noëls provençaux du quatorzième siècle. C'est pitié que vous n'y soyez pas venu!

— Je n'y serais allé qu'en curieux, dit mon père, et j'estime que les gens qui vont dans les églises pour le spectacle et la musique ne respectent pas la foi des autres.

— Voilà un joli sentiment, dit l'oncle. D'ailleurs, venu ou non, vous y étiez tout de même ce soir.

Et il se frotta les mains joyeusement.

— Et comment y étais-je? demanda mon père sur un ton un peu ironique.

—Vous y étiez avec toute votre famille, parce que j'ai longuement prié pour vous!

A cette annonce imprévue, Joseph ne sut que répondre, mais ma mère fit un beau sourire d'amitié tandis que l'oncle se frottait les mains de plus en plus vite.

— Et quelle faveur avez-vous demandée au Tout-Puissant? dit enfin Joseph.

— La plus belle de toutes: je l'ai supplié de ne pas vous priver plus longtemps de sa Présence, et de vous envoyer la Foi.*

L'oncle avait parlé avec une grande ferveur, et ses yeux brillaient de tendresse.

Mon père, qui mastiquait avec un plaisir évident trois ou quatre marrons à la fois, prit un temps pour achever cette bouchée, l'avala d'un coup de glotte,* et dit d'une voix un peu voilée:

— Je ne crois pas, vous le savez, que le Créateur de l'Univers daigne s'occuper des microbes que nous sommes, mais votre prière est une belle et bonne preuve de l'amitié que vous nous portez, et je vous en remercie.

Alors, il se leva pour lui serrer la main. L'oncle se leva, lui aussi: ils se regardèrent en souriant, et l'oncle dit:

— Heureux Noël, mon cher Joseph!

Il lui saisit l'épaule dans sa grosse main, et l'embrassa sur les deux joues.

Les enfants ne connaissent guère la vraie amitié. Ils n'ont que des « copains » ou des complices, et changent d'amis en changeant d'école, ou de classe, ou même de banc. Ce soir-là, ce soir de Noël, je ressentis une émotion nouvelle: la flamme du feu tressaillit, et je vis s'envoler, dans la fumée légère, un oiseau bleu à tête d'or.

*   *   *

Lorsqu'il fallut enfin aller dormir, je n'avais plus sommeil. C'était trop tard. Je comptais faire la conversation avec Lili, pour qui ma mère avait installé une paillasse dans ma chambre: mais il avait un peu « forcé » sur* le vin cuit, que mon père connaissait mal,* et s'endormit sans avoir eu la force de se déshabiller.

Etendu sur le dos, les mains sous la nuque, et les yeux grands ouverts dans la nuit, j'évoquais les images de ce beau réveillon, illuminé par la bonté de l'oncle Jules, lorsque je fus envahi par une grande inquiétude: je venais de penser à l'histoire du soldat Trinquette Edouard, que mon père avait un jour racontée à table.

Ce Trinquette, qui était le cousin de M. Besson, faisait en ce temps-là son service militaire à Tarascon.* Le papa Trinquette, qui était veuf, adorait son fils unique, et s'inquiétait grandement de son sort. Or, il découvrit un jour, avec joie, que le colonel du régiment n'était rien d'autre que son meilleur ami d'enfance... Il sauta aussitôt sur sa plus belle plume, et lui écrivit une longue lettre, pour lui rappeler de touchants souvenirs, et lui recommander son fils, sujet d'élite,* et seule consolation de ses vieux jours.

Le colonel — ami fidèle — fit sur-le-champ appeler Trinquette Edouard, pour l'assurer de sa bienveillance: mais l'adjudant de semaine vint lui apprendre — au garde-à-vous — que le sujet d'élite était parti depuis huit jours en permission extraordinaire* pour assister aux obsèques de son vieux père, consoler sa mère éplorée, et régler de délicates questions d'héritage avec ses quatre frères et sœurs.

Le colonel fut tout près de périr d'apoplexie, et la maréchaussée se mit à la recherche du farceur.

Comme Tarascon est une petite ville, où les gens parlent volontiers, on le découvrit le soir même, à l'Hôtel des Trois-Empereurs, où il faisait le quatrième, car il vivait caché dans la chambre d'une servante rousse, qui le ravitaillait aux dépens de la cuisine. Les gendarmes surgirent au premier tiers* d'un pâté de grives, et le soldat Trinquette Edouard, couvert de chaînes, fut ramené à la caserne où le colonel le plongea, pour trois semaines, dans un cachot plein de rats.

Voilà ce qui peut arriver aux gens que l'on recommande, quand ils ne vous ont rien demandé.

Certes, je savais bien que Dieu n'existait pas, mais je n'en étais pas tout à fait sûr. Il y avait des tas de gens qui allaient à la messe, et même des gens très sérieux. L'oncle lui-même lui parlait souvent, et pourtant l'oncle n'était pas fou.

Après de longues réflexions, j'en arrivai à la conclusion, assez peu rationnelle, que Dieu, qui n'existait pas pour nous, existait certainement pour d'autres: comme le roi d'Angleterre, qui n'existe que pour les Anglais.

Mais alors, l'oncle avait été bien imprudent d'attirer son attention sur nous: ce Dieu, s'il examinait notre cas — et c'était peut-être ce qu'il faisait au moment même — allait sans doute prendre la grosse colère, à la façon du colonel: et au lieu de nous envoyer la foi, je craignais bien qu'il ne nous lançât trois ou quatre coups de tonnerre, qui nous feraient tomber la maison sur la tête. Cependant, comme j'entendais à travers la cloison le ronflement paisible et confiant de l'oncle Jules, je me rassurai par la pensée que le Dieu qu'il vénérait ne lui ferait certainement pas un coup pareil, et que je pouvais dormir tranquille, tout au moins pour cette nuit-là: ce que je fis aussitôt.

La chasse du lendemain fut ratée, car les chasseurs partirent sans nous: réveillés vers midi, nous déjeunâmes d'une « aïgo boulido », c'est-à-dire de quelques gousses d'ail bouillies dans de l'eau, et nous passâmes une après-midi assez dolente, au coin du feu, tandis que le petit Paul, que son hypersomnie* avait préservé de nos excès, grignotait les derniers marrons glacés, et se moquait de nous, en nous appelant « galavards ».* Mais la seconde nuit répara le désastre, et la chasse d'hiver commença pour tout de bon.

*   *   *

Ces huit jours de Noël filèrent comme un rêve. Mais rien ne fut pareil aux grandes vacances: nous étions dans un autre pays.

Le matin, à six heures, il faisait encore nuit. Je me levais en grelottant, et je descendais allumer le grand feu de bois; puis, je préparais le café que j'avais moulu la veille, pour ne pas réveiller ma mère. Pendant ce temps, mon père se rasait. Au bout d'un moment, on entendait grincer au loin la bicyclette de l'oncle Jules, ponctuel comme un train de banlieue: son nez était rouge comme une fraise, il avait de tout petits glaçons dans sa moustache, et il frottait vigoureusement ses mains l'une contre l'autre, comme un homme très satisfait.

Nous déjeunions devant le feu, en parlant à voix basse.

Puis, la course de Lili résonnait sur la route durcie.

Je versais une bonne tasse de café, qu'il refusait d'abord, en disant: « Je l'ai déjà bu » — ce qui n'était pas vrai. Ensuite, nous partions tous les quatre, avant le lever du jour.

Dans le ciel de velours violet, les étoiles brillaient, innombrables. Ce n'étaient plus les douces étoiles de l'été. Elles scintillaient durement, claires et froides, cristallisées par le gel de la nuit... Sur la Tête-Rouge, que l'on devinait dans l'ombre, une grosse planète était pendue comme une lanterne, si proche que l'on croyait voir l'espace derrière elle. Pas un bruit, pas un murmure, et dans le silence glacé nos pas sonnaient sur les dures pierres de Noël.

Les perdrix étaient devenues méfiantes, et la sensibilité nouvelle des échos les protégeait de nos approches. Cependant, les chasseurs tuèrent quatre lièvres, quelques bécasses et bon nombre de lapins. Quant à nos pièges ils nous donnèrent si régulièrement des grives et des alouettes que ce triomphe quotidien finit par manquer d'imprévu.

J'eus cependant la joie et la fierté d'achever une buse aussi grande qu'un parapluie vu de profil: du fond du ravin de Lancelot, mon père la fit tomber d'un nuage; sur le dos, les serres en l'air, l'oiseau meurtrier me regardait venir à lui. Ses yeux jaunes brillaient de haine et de menace. Je me plus à imaginer que c'était la buse qui avait presque voulu me crever les yeux, et je la tuai férocement à coups de pierres.

Nous rentrions de la chasse à la tombée de la nuit: installés (à plat ventre) devant le grand feu de bois résineux, nous faisions des parties de dames, de dominos, de jeu de l'oie* — pendant que mon père jouait de la flûte — et parfois le loto réunissait toute la famille.

A partir de six heures et demie, la broche tournait, et la graisse rousse des grives fondantes attendrissait d'épaisses rôties de pain de campagne...

Grandes et belles journées, qui me semblaient immenses le matin, mais qui me parurent si courtes quand sonna l'heure du départ...

Le dernier soir, en bouclant les bagages, comme ma mère me voyait tout triste, elle dit:

— Joseph, il faut monter ici tous les samedis.

— Quand nous aurons le tramway, dit mon père, ce sera peut-être possible. Mais pour le moment...

— Quand nous aurons le tramway, les enfants porteront des moustaches. Regarde-les: jamais ils n'ont eu si bonne mine et moi, je n'ai jamais mangé d'aussi bon cœur.

— Je le vois bien, dit mon père pensif. Mais le voyage dure quatre heures!... Nous arriverions ici le samedi à huit heures du soir, et il faudrait repartir le dimanche après-midi.

— Pourquoi pas le lundi matin?

— Parce qu'il faut que je sois à l'école à huit heures précises, tu le sais bien.

— Moi, j'ai une idée, dit ma mère.

— Et laquelle?

— Tu verras.

Mon père fut surpris. Il réfléchit un instant, et dit:

— Je sais à quoi tu penses.

— Non, dit ma mère. Tu ne le sais pas. Mais ne me pose plus de questions. C'est mon secret. Et tu ne le sauras que si je réussis.

— Bien, dit mon père. Nous attendrons.

Son idée n'était pas mauvaise.

Elle rencontrait souvent au marché la femme de M. le Directeur: c'était une grande belle personne, qui portait un sautoir en or, et une montre en or dans sa ceinture de soie plissée.

Ma mère, timide et menue, la saluait discrètement de loin. Mais comme pour ses enfants elle était capable de tout, elle commença par accentuer son salut, se rapprocha peu à peu, et finit par frôler la main de Mme la Directrice dans un panier de pommes de terre. Celle-ci, qui avait le cœur bon, lui déconseilla l'achat de ces tubercules, qu'elle déclara touchés par la gelée, et la conduisit chez une autre marchande. Deux jours après, elles faisaient leur marché ensemble, et la semaine suivante, Mme la Directrice l'invita à venir boire chez elle une tisane anglaise qu'on appelait du thé.

Joseph ignorait tout de cette conquête, et il fut bien surpris quand il lut, sur le tableau de service, une décision de M. le Directeur: ce chef tout-puissant avait décrété, par une fantaisie subite, que mon père serait désormais chargé de la surveillance du jeudi matin, mais qu'en échange, les professeurs de chant et de gymnastique se chargeraient de ses élèves le lundi matin, ce qui lui donnait sa liberté jusqu'à une heure et demie.

Comme les hommes ne comprennent rien aux manigances féminines, il n'aurait jamais rien su de la vérité, si M. Arnaud — qui savait toujours tout parce qu'il connaissait fort bien la bonne de M. le Directeur — ne l'en avait informé pendant une récréation.

Alors se posèrent pour lui deux problèmes: d'abord, devait-il remercier son chef? Il déclara à table qu'il ne le ferait pas, parce que ce serait reconnaître que M. le Directeur avait bouleversé « l'emploi du temps » d'une école publique* pour la commodité d'un maître.

— Et pourtant, disait-il, perplexe, il faudrait tout de même trouver quelque chose...

— Rassure-toi, j'y ai pensé, dit ma mère en souriant.

— Que comptes-tu faire?

— J'ai envoyé un beau bouquet de roses à madame la directrice.

— Ho ho! dit-il, surpris... Je ne sais pas si ce geste ne paraîtra pas... trop familier... Ou peut-être trop prétentieux... Evidemment, elle a l'air très sympathique... Mais je me demande comment elle va prendre la chose...

— Elle l'a très bien prise. Elle m'a même dit que j'étais « un amour »!*

Il ouvrit de grands yeux.

— Tu lui as parlé?

— Bien sûr! dit ma mère en riant. Nous faisons notre marché ensemble tous les jours, et elle m'appelle Augustine.

Alors mon père ôta ses lunettes, les frotta vivement avec le bord de la nappe, et les remit sur son nez pour la regarder avec stupeur, et ce fut là son second problème. Il fallut tout lui raconter par le menu, depuis le panier de pommes de terre... A la fin, il secoua la tête en silence, plusieurs fois. Puis, devant toute la famille, il dit, avec une admiration scandalisée:

— Elle a le Génie de l'Intrigue!

*   *   *

C'est ainsi que presque tous les samedis, à partir du Mardi gras, nous pûmes « monter aux collines ».

La boue de février clapota et gicla sous nos pieds. Puis, au mois d'avril, de hautes verdures jaillirent à la crête des murs, et vinrent par endroits croiser leurs arceaux au-dessus de nos têtes. La promenade était très belle, mais vraiment, elle était bien longue.

Avec notre chargement habituel, et les courtes haltes à l'ombre, le voyage durait quatre heures. Lorsque nous arrivions enfin devant la « villa », nous étions exténués. Ma mère surtout, qui portait parfois dans ses bras la petite sœur endormie, paraissait à bout de forces... C'est à cause de sa pâleur et de ses yeux cernés qu'il m'est arrivé bien souvent de renoncer au beau dimanche des garrigues. Je me plaignais d'un point de côté, ou d'un horrible mal à la tête, et j'allais me coucher tout à coup. Mais quand j'avais les yeux fermés, dans la nuit de ma petite chambre, la chère colline venait à moi, et je m'endormais sous un olivier, dans le parfum des lavandes perdues...

Par un beau samedi d'avril, notre caravane, vers cinq heures, cheminait, fatiguée mais joyeuse, entre les deux murs de pierre dorée. A trente mètres devant nous, une petite porte s'ouvrit. Un homme en sortit et referma la porte à clef.

Comme nous arrivions à sa hauteur, il regarda soudain mon père, et s'écria:

— Monsieur Joseph!

Il portait un uniforme sombre à boutons de cuivre, et une casquette pareille à celle des hommes des chemins de fer. Il avait une petite moustache noire, et de gros yeux marron qui brillaient de plaisir.

Mon père le regarda à son tour, se mit à rire et dit:

— Bouzigue! Qu'est-ce que tu fais là?

— Moi? Je fais mon travail, monsieur Joseph. Je suis piqueur au canal, et c'est grâce à vous, je peux le dire! Vous vous en êtes donné du mal, pour mon certificat d'études! Je suis piqueur depuis sept ans.

— Piqueur? dit mon père. Et qu'est-ce que tu piques?

— Ha ha! dit Bouzigue, triomphal... Enfin c'est moi qui vais vous apprendre quelque chose! Piqueur, ça veut dire que je surveille le canal...

— Avec une pique? demanda Paul.

— Mais non! dit Bouzigue en clignant de l'œil inexplicablement. Avec une grande clef à T* (il la montra suspendue à sa ceinture), et ce petit carnet noir. J'ouvre et je ferme les prises, j'en contrôle le débit... Si je vois une fente dans la berge, ou un dépôt de vase, ou un petit pont qui devient faible des reins,* je le note, et le soir, je fais mon rapport. Si je vois flotter un chien crevé,* je le repêche, et si je surprends des gens qui jettent leurs eaux sales ou qui se baignent dans le canal, je leur dresse procès-verbal.

— Hé hé! dit mon père. Tu es un personnage officiel!

Bouzigue fit un nouveau clin d'œil, et un petit rire satisfait.

— Et de plus, dit mon père, ce n'est pas fatigant.

— Oh non! dit Bouzigue, ce n'est pas le bagne.*

Il prit tout à coup un ton lamentable, comme s'il allait pleurer.

— Et puis, dites, brave* comme je suis, qui est-ce qui voudrait m'envoyer au bagne? Je n'ai jamais rien fait de mal, sauf pour l'orthographe! Mais vous, monsieur Joseph, je vois que la petite famille s'est allongée: Madame Joseph n'a pas bien grossi, mais elle est toujours aussi charmante.

Puis, posant sa main sur ma tête, il demanda:

— Mais où est-ce que vous allez comme ça, avec tout ce chargement?

— Ma foi, dit mon père, avec une certaine fierté, nous montons à notre maison de campagne, pour y passer le dimanche.

— Ho ho! dit Bouzigue, ravi. Vous avez fait fortune?

— Pas exactement, dit mon père. Mais il est vrai que je suis maintenant en quatrième classe, et que mes appointements ont sensiblement augmenté.

— Tant mieux, dit Bouzigue. Ça, ça me fait vraiment plaisir. Allez, zou,* donnez-moi quelques paquets, je veux vous accompagner!

Il me prit des mains le sac, les trois kilos de savon, et délesta mon frère de la besace qui contenait le sucre et les nouilles.

— Tu es bien gentil, Bouzigue, dit mon père... Mais tu ne sais pas que nous allons très loin.

— Je parie que vous allez jusqu'aux Accates?

— Plus loin.

— Alors, aux Camoins?

— Plus loin.

Bouzigue ouvrit des yeux énormes.

— Vous n'allez pas dire que vous allez à La Treille?

— Nous traversons le village, dit mon père, mais nous allons encore plus loin.

— Mais après La Treille, il n'y a plus rien!

— Si, dit mon père, il y a Les Bellons!

— Eh ben! dit Bouzigue consterné. Le canal n'y passe pas, et n'y passera jamais. Où c'est que vous prenez l'eau?

— Dans la citerne, et dans le puits.

Bouzigue rejeta sa casquette en arrière, pour mieux se gratter la tête, et nous regarda tous les quatre.

— Et où c'est que* vous quittez le tramway?

— A La Barasse.

— Pauvres de vous!

Il fit un rapide calcul mental.

— Ça vous fait au moins huit kilomètres à pied!

— Neuf, dit ma mère.

— Et vous faites ça souvent?

— Presque tous les samedis.

— Pauvres de vous! répéta-t-il.

— C'est évidemment un peu long, dit mon père. Mais quand on y est, on ne regrette pas sa peine...

— Moi, dit Bouzigue solennellement, ma peine, je la regrette toujours. Mais j'ai une idée! Aujourd'hui, vous ne ferez pas neuf kilomètres. Vous allez venir avec moi, et nous suivrons la berge du canal, qui traverse en droite ligne toutes ces propriétés. Dans une demi-heure, nous serons au pied de La Treille!

Il tira de sa poche une clef brillante, nous ramena près de la porte qu'il venait de fermer, et l'ouvrit.

— Suivez-moi, dit-il.

Il entra. Mais mon père s'arrêta sur le seuil.

— Bouzigue, es-tu sûr que ce soit parfaitement légal?

— Qu'est-ce que vous voulez dire?

— C'est à cause de tes fonctions officielles que tu détiens cette clef, et que tu as le droit de passer sur le terrain d'autrui. Mais crois-tu qu'il nous soit permis de te suivre?

— Qui le saura? dit Bouzigue.

— Tu vois! dit mon père. Puisque tu espères qu'on ne nous verra pas, c'est que tu reconnais ta culpabilité.

— Mais quel mal nous faisons? dit Bouzigue. J'ai rencontré mon instituteur, et je suis tout fier de lui montrer l'endroit où je travaille.

— Ça pourrait te coûter cher. Si tes chefs le savaient...

Bouzigue cligna de l'œil deux ou trois fois, mystérieusement.

Puis, il haussa deux fois les épaules, puis il secoua la tête, avec un petit rire moqueur : enfin il parla :

— Puisqu'il faut tout vous dire, je vais vous apprendre une bonne chose : s'il y avait le moindre accident, je me charge de tout arranger, parce que ma sœur est mariée (de la main gauche)* avec un conseiller général !*

Cette phrase me parut d'abord mystérieuse : mais je vis tout à coup cette sœur gauchère sortir de la mairie au bras d'un général en grand uniforme, qui lui donnait de précieux conseils.

Comme mon père paraissait encore hésitant, Bouzigue ajouta :

— Et en plus, c'est elle qui a fait nommer Bistagne, le sous-directeur du canal : et si Bistagne me faisait la moindre critique, elle l'endormirait d'un coup de traversin.

Je conçus aussitôt une grande admiration pour cette femme courageuse, capable d'abattre les ennemis de son frère sans toutefois les blesser. Mon père partagea sans doute mon sentiment, car nous suivîmes Bouzigue sur le terrain d'autrui.

Le canal coulait en haut d'un petit remblai, entre deux haies d'arbrisseaux et d'arbustes qui émergeaient d'une broussaille de romarins, de fenouils, de cystes* et de clématites.

Bouzigue nous expliqua que cette végétation désordonnée était infiniment précieuse, parce qu'elle retenait la terre du remblai et qu'il était interdit aux propriétaires d'y toucher.

Le lit de ciment n'avait que trois mètres de large, et l'eau transparente reflétait les nuages blancs du ciel d'avril.

Entre la berge et la haie fleurie, nous suivions en file indienne un étroit sentier.

— Voilà mon canal, dit Bouzigue. Qu'est-ce que vous en dites?

— C'est bien joli, dit mon père.

— Oui, c'est bien joli; mais ça commence à se faire vieux... Regardez-moi ces berges... C'est fendillé du haut en bas... Ça nous fait perdre beaucoup d'eau parce que, par endroits, c'est une passoire.

Ce mot frappa vivement mon frère Paul qui le répéta plusieurs fois.

Comme nous arrivions près d'un petit pont, Bouzigue dit avec fierté:

— Ici, c'est remis à neuf depuis l'an dernier. C'est moi qui l'ai fait refaire, avec du ciment sous-marin.

Mon père examina la berge, qui paraissait toute neuve.

— Il y a pourtant une fissure, dit-il.

Bouzigue, brusquement inquiet, se pencha vers l'eau.

— Où ça?*

Mon père montra une très fine ligne grise, qu'il gratta du bout de l'ongle. Des paillettes s'en détachèrent; il les brisa entre ses doigts et les examina un instant.

— Ce n'est pas du ciment sous-marin, dit-il. Et d'autre part, la proportion de sable est trop forte.

Bouzigue ouvrit des yeux tout ronds.

— Quoi? dit-il, vous en êtes sûr?

— Absolument. Mon père était dans le bâtiment, et je m'y connais assez bien.

— Ho ho! dit Bouzigue, je vais mettre ça dans mon rapport, et on va sonner les cloches à l'entrepreneur* qui a fait ça!

— Si tu ne colmates pas cette fente, dans un mois elle aura quatre doigts de large...

— C'est une passoire! cria Paul.

— On va s'en occuper, dit Bouzigue.

Il détacha un fragment de l'enduit, le plia dans une feuille de son carnet, et se remit en marche.

Nous traversâmes quatre propriétés immenses.

Dans la première, des parterres de fleurs entouraient un château à tourelles. Autour des parterres, il y avait des vignes et des vergers.

— Ici, dit Bouzigue, c'est le château d'un noble. Il doit être malade, parce qu'on ne le voit jamais.

— Si cet aristocrate nous rencontrait chez lui, dit mon père, ça pourrait lui déplaire. Moi, je n'aime pas beaucoup les nobles.

Les leçons de l'école normale* restaient ineffaçables. Au cours de ses lectures, pourtant, quelques aristocrates avaient trouvé grâce devant lui: Du Guesclin,* Bayard,* La Tour d'Auvergne,* le chevalier d'Assas,* et surtout Henri IV,* parce qu'il galopait à quatre pattes pour amuser ses petits enfants. Mais d'une façon générale, il considérait toujours les « nobles » comme des gens insolents et cruels, ce qui était prouvé par le fait qu'on leur avait coupé la tête. Les malheurs n'inspirent jamais confiance, et l'horreur des grands massacres enlaidit jusqu'aux victimes.

— C'est un comte, dit Bouzigue, on n'en dit pas de mal dans le quartier.

— C'est peut-être, dit mon père, parce qu'on ne le connaît pas. Mais il a sûrement quelques sbires à sa solde.

— Il a un fermier et un garde. Le fermier est un bon vieux, et le garde n'est pas jeune. C'est un géant. Je l'ai rencontré quelques fois, mais il ne me parle pas. Bonjour, bonsoir, et c'est tout.

Nous arrivâmes sans incident devant une seconde porte. Le canal traversait le mur de clôture sous une arche basse, d'où pendaient de longues pariétaires qui traînaient au fil de l'eau. Bouzigue fit jouer la serrure et nous vîmes une forêt vierge.

— Ici, dit-il, c'est le château de la Belle au bois dormant. Les volets sont toujours fermés, je n'y ai jamais vu personne. Vous pouvez chanter, vous pouvez crier, il n'y a aucun danger.

Une forêt d'arbousiers et de térébinthes avait envahi les champs abandonnés; un parc de pins centenaires cernait une immense bâtisse carrée; elle paraissait inaccessible parce que des genêts épineux (l'« argéras » des collines) poussaient en rangs serrés sous la haute futaie. Mon frère Paul fut bouleversé par l'idée que la Belle au bois dormait derrière ces volets fermés, et que, grace à Bouzigue, nous étions les seuls à le savoir.

Il y eut une autre clôture, et une autre porte: nous traversâmes les terres d'un troisième château.

— Celui-là, c'est celui du notaire, dit-il. Regardez: c'est toujours fermé, sauf au mois d'août. Il n'y a qu'une famille de paysans. Je rencontre souvent le grand-père, c'est lui qui soigne ces beaux pruniers. Il est sourd comme un pot, mais il est bien gentil... Il me parle toujours de la guerre de septante,* et il veut reprendre l'Alsace-Lorraine.

— C'est un bon Français, dit mon père.

— Pour ça oui, dit Bouzigue. C'est dommage qu'il soit gâteux.

Nous ne rencontrâmes personne, mais nous vîmes au loin, à travers la haie, la moitié inférieure et postérieure d'un paysan qui sarclait un champ de tomates.

Puis Bouzigue ouvrit encore une porte: elle était percée dans un mur de pierres taillées, qui avait au moins quatre mètres de haut; la crête en était garnie de tessons tranchants, qui donnaient une fâcheuse idée de la générosité du châtelain.

— Ce château-là, dit Bouzigue, c'est le plus grand et le plus beau. Mais le propriétaire habite Paris, et il n'y a jamais personne, que le garde... Tenez, regardez!

A travers la haie, nous vîmes deux hautes tours qui flanquaient la façade d'un château d'au moins dix étages. Toutes les fenêtres en étaient fermées, sauf quelques mansardes, sous le toit d'ardoises.

— Là-haut, dit Bouzigue, c'est l'appartement du garde... C'est pour surveiller les maraudeurs, qui viennent piller le verger...

— En ce moment, dit mon père, il nous observe peut-être.

— Je ne crois pas. Il regarde surtout le verger, qui est de l'autre côté.

— C'est aussi ton ami?

— Pas exactement. C'est un ancien adjudant.

— Ils n'ont pas toujours bon caractère.

— Celui-là est comme les autres. Mais il est toujours saoul comme la Pologne,* et il a une jambe raide. Si jamais il nous voyait — et ça serait bien extraordinaire — vous n'auriez qu'à prendre le pas de gymnastique, et il serait bien incapable de vous rattraper, même avec son chien!

Ma mère, inquiète, demanda:

— Il a un chien?

— Oui, dit Bouzigue, ce chien est énorme; mais il a au moins vingt ans, il est borgne, et il peut à peine bouger: il faut que son maître le traîne au bout d'une chaîne. Je vous assure qu'il n'y a aucun danger. Mais pour vous rassurer, je vais aller jeter un coup d'œil. Restez derrière ce buisson!

Il y avait une longue brèche dans la haie protectrice. Bouzigue s'avança, d'un pas délibéré, et s'arrêta au beau milieu de l'espace dangereux. Les mains dans les poches, la casquette rejetée en arrière, il regarda longuement le château, puis le verger.

Nous attendions, groupés comme des moutons, à l'abri d'un arbousier. Ma mère était pâle, et respirait vite. Mon frère Paul avait cessé de croquer le sucre qu'il dérobait dans son paquet. Mon père, le visage tendu en avant, regardait à travers les branches.

Enfin, Bouzigue dit:

— La voie est libre. Amenez-vous! Mais baissez-vous, ajouta-t-il.

Mon père, courbé en deux et ses paquets frôlant le sol, s'avança le premier.

Mon frère Paul se mit en équerre, comme le centenaire du village, et disparut littéralement dans l'herbe. Je passai à mon tour, serrant les nouilles sur mon cœur horizontal. Enfin, ma mère, peu habituée aux exercices gymnastiques, avança gauchement, la tête basse, les épaules rentrées, comme une somnambule au bord d'un toit. Malgré ses jupons et son corset à baleines, elle était bien mince...

Deux fois encore, il fallut répéter cette manœuvre. Enfin, nous arrivâmes au mur de clôture. Bouzigue ouvrit la petite porte, et nous fûmes tout à coup en face du café des Quatre-Saisons.

Quelle joyeuse, quelle admirable surprise !

— Ce n'est pas possible ! dit ma mère, ravie.

— C'est pourtant comme ça, dit Bouzigue. Nous avons coupé toute la boucle du chemin !

Mon père avait tiré de son gousset sa montre d'argent.

— Nous venons de faire en vingt-quatre minutes, un parcours qui nous prend d'habitude deux heures quarante-cinq.

— Je vous l'avais dit! s'écria Bouzigue. Cette clef va plus vite qu'une automobile.

Je pensai qu'il exagérait un peu, car je venais de voir, dans un journal, sous la photographie de la voiture Panhard, cette phrase prodigieuse: « La voiture qui a fait le *kilomètre* en *une minute* ».

— Je vous l'avais dit, répétait Bouzigue. Ça n'est pas plus difficile que ça! Et maintenant, ajouta-t-il, on va boire un bon coup!

Il pénétra audacieusement sur la terrasse du petit café, dont les platanes avaient sorti leurs premières feuilles.

Le patron, un homme grand et fort, à l'épaisse moustache rousse, nous installa autour d'une table de fer, et apporta une bouteille de vin blanc. Qu'allait faire mon père?* Refuser l'invitation si généreuse de Bouzigue, ou boire du vin blanc sous nos yeux stupéfaits?

— Monsieur, dit-il au patron, n'avez-vous pas un peu d'eau de Vichy?

Le patron, perplexe, le regarda un instant, et dit enfin:

— Si vous y tenez, j'en ai à la cave.

— Ho ho! dit Bouzigue avec une grande inquiétude, vous avez mal au foie?

— Non, dit mon père. Mais je préfère mêler au vin blanc de l'eau gazeuse. Ça fait une sorte de champagne d'un goût très agréable.

J'admirai cette invention géniale, qui permettait de diminuer la dose de poison en y mêlant une eau salutaire qu'on achète dans les pharmacies. Mais Bouzigue but coup sur coup, sans la moindre inquiétude apparente, deux grands verres de vin blanc pur.

Cependant, ma mère s'extasiait encore sur la brièveté du voyage

— Eh bien! Madame Joseph, dit Bouzigue avec un grand sourire vous allez me permettre de vous faire un cadeau.

Avec un clin d'œil malicieux,* il tira de sa poche la clef d'argent.

— Prenez-la, madame Joseph. Je vous la donne.

— Pour quoi faire?* demanda mon père.

— Pour gagner deux heures tous les samedis, et encore deux heures le lundi matin! Prenez-la. J'en ai une autre.

Il exhiba une seconde clef.

Mais mon père secoua la tête de gauche à droite, lentement, et trois fois de suite.

— Non, dit-il. Non, ce n'est pas possible.

Ma mère reposa la clef sur la table.

— Et pourquoi? dit Bouzigue.

— Parce que je suis un fonctionnaire, moi aussi. Je vois d'ici la tête* de Monsieur l'Inspecteur d'Académie* si on venait lui dire que l'un de ses instituteurs, muni d'une fausse clef, se promène en fraude sur le terrain d'autrui!

— Mais elle n'est pas fausse! C'est une clef de l'administration!

— Raison de plus! dit mon père. Tu n'as pas le droit de t'en séparer.

Bouzigue s'énerva.

— Mais personne ne vous dira jamais rien! Vous avez vu comment ça s'est passé?

— Personne ne nous a rien dit parce que nous n'avons rencontré personne. Mais tu as dit toi-même, en traversant la Belle au bois dormant: « Ici, il n'y a aucun danger. » C'est donc qu'il y en avait ailleurs!

— Mais, saint homme, s'écria Bouzigue, quand j'ai dit « danger », ça ne voulait pas dire « catastrophe »! Ça voulait dire que peut-être, par un mauvais miracle, un grincheux pourrait se plaindre au Canal, mais que ça n'irait pas plus loin, parce que ma sœur est là! N'oubliez pas ma sœur!

J'étais tout à fait de son avis. Mais mon père dit sévèrement:

— Je ne doute pas des qualités ni des influences de ta sœur, quoique je sois navré d'apprendre qu'elle exerce un bien triste métier. Mais j'ai des principes.

— Oyayaie!* dit Bouzigue. Les principes, oyayaie!

Puis, sur le ton d'une grande personne qui parle à un enfant:

— Allons, voyons, monsieur Joseph! Quels principes?

— J'aurais honte de m'introduire en secret chez les autres, et dans un but strictement personnel, pour mon intérêt privé; il me semble que ce ne serait pas digne d'un maître d'école qui enseigne la morale aux enfants... Et si celui-ci (il mit la main sur mon épaule), si celui-ci voyait son père se glisser le long des broussailles comme un maraudeur, que penserait-il?

— Je penserais, dis-je, que c'est plus court.

— Et tu as raison, dit Bouzigue.

— Ecoute, papa, dit ma mère, j'en connais beaucoup qui n'hésiteraient pas. Deux heures le samedi soir, et deux heures le lundi matin, ça fait quatre heures de gagnées.

— J'aime mieux marcher quatre heures de plus, et conserver ma propre estime.

— C'est quand même cruel, dit Bouzigue, mélancolique, de faire marcher ces enfants comme s'ils étaient déjà à la Légion étrangère. Et avec un barda terrible, et des mollets comme des spaghetti... Et madame Joseph n'est pas bien épaisse non plus.

— La marche, dit mon père, est le plus sain de tous les sports.

— C'est peut-être aussi le plus fatigant, dit ma mère avec un soupir.

— Ecoutez, dit soudain Bouzigue, j'ai une autre idée qui arrange tout: je vais vous donner une casquette du Canal. Vous marcherez le premier, et si quelqu'un vous voit de loin, vous n'aurez qu'à lui faire un petit bonjour avec la main, et on ne vous demandera rien!

— Décidément, dit mon père scandalisé, tu as une mentalité de repris de justice! Une casquette du Canal sur la tête d'un instituteur! Tu ne sais pas que ça pourrait finir en correctionnelle?*

— Et ma sœur? Vous oubliez encore ma sœur!

— Tu ferais mieux, dit mon père, d'en parler moins souvent. Je te remercie de ton offre, qui me prouve ta reconnaissance et ton amitié. Mais je suis forcé de la refuser; n'insiste pas!

— Tant pis, dit Bouzigue. C'est bien dommage...

Il se versa un grand trait de vin blanc et poursuivit, sur un ton désolé:

— C'est bien dommage pour les petits et pour madame Joseph...

C'est bien dommage pour moi, parce que je croyais vous rendre service. Et surtout, *surtout, c'est bien dommage* pour le Canal.

— Pour le canal? Que veux-tu dire?

— Comment! s'écria Bouzigue. Mais alors vous ne vous rendez pas compte de l'importance de ce que vous m'avez dit sur le ciment sous-marin?

— C'est vrai, dit ma mère, qui prit soudain un air technique. Joseph, tu ne te rends pas compte!

— Mais vous ne savez pas, dit Bouzigue avec feu, que cet entrepreneur, qui a mis trop de sable, va être obligé de nous rembourser au moins deux mille francs, et peut-être deux mille cinq cents? Parce que je vais le faire, moi, le rapport, et ce fraudeur sera coincé.* Grâce à qui? Grâce à vous!

— J'ai dit ça comme ça,* dit mon père. Mais je ne suis pas tout à fait sûr...

— Mais si! Mais si! vous êtes sûr! D'ailleurs, ça sera vérifié au laboratoire. Et vous n'êtes passé qu'une fois, et vous n'avez pas bien regardé, parce que vous étiez un peu inquiet. Mais si vous y passiez deux fois par semaine... Oh la la!

Il répéta ce « oh la la! » avec un enthousiasme rêveur.

— En somme, dit mon père, pensif, tu supposes que ma collaboration clandestine — et gratuite — paierait, en quelque sorte, notre passage?

— Dix fois, cent fois, mille fois! dit Bouzigue. Et moi, ajouta-t-il, si, tous les lundis, vous m'envoyez une petite note, un petit rapport, je le recopierai tout de suite — en y ajoutant quelques fautes d'orthographe, bien entendu — et je le soumettrai à mes chefs! Est-ce que vous vous rendez compte de la situation que vous me feriez? Un peu vous, un peu ma sœur,* dans un an, je suis chef de section!

— Joseph, dit ma mère, avant de refuser, tu devrais réfléchir.

— C'est ce que je fais.

Il but un grand trait de son vin blanc-Vichy.

— C'est une passoire! dit Paul.

— Si nous pouvions arriver à la villa avant sept heures, dit ma mère, ce serait tout à fait merveilleux... Et puis, dit-elle en s'adressant à Bouzigue, quelle économie sur les souliers des enfants!

— Ah! les souliers, dit Bouzigue. Moi aussi, j'ai deux garçons, et les souliers, je sais ce que ça coûte...

Il y eut un assez long silence.

— Il est évident, dit enfin mon père, que, si je puis rendre service à la communauté, même d'une façon un peu irrégulière... Et d'autre part, si je puis t'aider...

— M'aider! s'écria Bouzigue. C'est-à-dire que ça peut changer toute ma carrière!

— Je n'en suis pas sûr, mais enfin, je vais y penser.

Il prit la clef et la regarda un instant. Enfin, il dit:

— Je ne sais pas encore si je m'en servirai... Nous verrons ça la semaine prochaine...

Mais il mit la clef dans sa poche.

Le lundi matin, quand nous redescendîmes vers la ville, mon père refusa d'utiliser la clef magique, qu'il regarda un moment, brillante, au creux de sa main. Puis il la remit dans sa poche, en disant:

— D'une part, il est plus facile de descendre que de monter, et d'autre part, nous n'avons pas de provisions à porter: ce n'est pas la peine de prendre un risque ce matin.

Nous redescendîmes donc par la route ordinaire. Mais le soir même, à la sortie de l'école, il disparut pendant une demi-heure; quand il revint, il portait sous son bras trois ou quatre livres. Je n'en puis dire le nombre exact, car ce n'étaient que des liasses de feuilles imprimées, dont les bords jaunis et rongés par le temps rappelaient les broderies du pantalon de ma grand-mère.

— Nous allons, dit-il, nous documenter.

Ces volumes étaient, en effet, des tomes dépareillés de plusieurs ouvrages qui traitaient des « Canaux et aqueducs », de l' « Irrigation des terres incultes » et des « Revêtements imperméables » tels qu'on les concevait au temps de M. de Vauban.*

— C'est dans les vieux livres, me dit-il, que l'on trouve le plus de bon sens et les recettes* les mieux éprouvées.

Il étala sur la table ces respectables épaves et se mit aussitôt au travail.

Le samedi suivant, à cinq heures, nous étions devant la première porte. Mon père l'ouvrit d'une main ferme: il était en paix avec sa conscience, car il ne franchissait point ce seuil interdit pour raccourcir une route trop longue, mais pour préserver de la ruine le précieux canal, et sauver Marseille de la sécheresse, qui eût été certainement suivie de la peste et du choléra morbus.*

Cependant, il redoutait les gardes. C'est pourquoi, m'ayant déchargé de mes paquets, il me confia le rôle d'éclaireur.

Je marchais le premier, au ras de la haie, profitant de mon mieux de l'abri des feuillages.

Je parcourais une vingtaine de mètres, l'œil aux aguets, l'oreille tendue. Puis je m'arrêtais, j'écoutais le silence... Enfin, je faisais signe à ma mère et à mon frère, qui attendaient à l'abri du plus gros buisson. Ils arrivaient alors en courant, et venaient se blottir derrière moi. Enfin paraissait mon père, un carnet à la main. Il fallait toujours l'attendre un moment, car il prenait fort gravement des notes.

Nous ne rencontrâmes personne, et le seul incident de l'inquiétante traversée fut fourni par mon frère Paul.

Ma mère remarqua qu'il gardait sa main droite sous son imperméable, à la manière de Napoléon.

— Tu t'es fait mal à la main? lui dit-elle à voix basse.

Sans ouvrir la bouche, et sans la regarder, de la tête il répondit non.

— Sors ta main de là-dessous, dit-elle encore.

Il obéit, et nous vîmes que ses petits doigts serraient fortement le manche du couteau pointu qu'il avait volé dans le tiroir de la cuisine.

— C'est pour le garde, dit-il froidement. S'il vient pour étrangler papa, moi je passe par derrière, et je le tue dans les fesses.

Ma mère le félicita de sa bravoure, puis elle ajouta:

— Tu es encore bien petit: donne-le-moi.

Il rendit son arme de bonne grâce, avec un conseil judicieux.

— Toi, tu es grande, pique-le dans l'œil.

Ce garde, celui du dernier château, était notre terreur, et c'est en tremblant que nous traversâmes ses terres. Par bonheur, il ne se montra pas et, deux heures plus tard, autour de la table ronde, le nom de Bouzigue fut cent fois béni.

A table, il ne fut pas question du garde ni du chien; mais quand nous fûmes couchés dans notre petite chambre, j'eus une longue conversation avec Paul. Nous étudiâmes divers moyens de supprimer l'ennemi: le lasso, puis une fosse garnie de six couteaux bien aiguisés, la pointe en l'air ; ou encore des collets en fil d'acier un cigare rempli de poudre. Paul, qui commençait à lire des romans d'aventures, eut l'idée cruelle d'empoisonner des flèches de roseau, en les introduisant — par une fente — dans les tombeaux du cimetière du village. Comme je discutais l'efficacité du procédé, il invoqua les Indiens du Brésil qui gardent le cadavre du grand-père pendant plusieurs mois, pour envenimer la pointe de leurs armes avec les puantes humeurs de l'aïeul.

Je m'endormis en l'écoutant et, dans un rêve radieux, je vis le garde, défiguré par l'explosion du cigare, hérissé de flèches comme un porc-épic, se tordre horriblement sous l'effet du poison et tomber enfin au fond de la fosse où les six couteaux le transperçaient, tandis que Paul dansant comme un farfadet, chantait férocement : « C'est une passoire ! »

Il nous était maintenant possible d'aller « aux collines » tous les samedis, sans trop de fatigue; notre vie en fut transformée.

Ma mère reprenait des couleurs; Paul grandit d'un seul coup, comme un diable qui sort de sa boîte;* quant à moi, je bombais un torse aux côtes visibles, mais à la poitrine élargie;* je mesurais souvent le tour de mes biceps avec le mètre* en toile cirée et l'énormité de ces muscles faisait l'admiration de Paul.

Quant à mon père, il chantait tous les matins, en se rasant avec une sorte de sabre, devant un petit miroir brisé qu'il suspendait à l'espagnolette de la fenêtre.

D'abord, d'une voix de tenorino* :

Si j'étais un petit serpent,
*O félicité sans pareille...**

ou, prenant tout à coup une formidable voix de basse :

Souviens-toi du passé, quand sous l'aile des anges,
Abritant ton bonheur,
Tu venais dans son temple en chantant ses louanges,
*Adorer le Seigneur...**

Il fredonnait dans l'escalier et même parfois dans la rue.

Mais cette bonne humeur, qui durait toute la semaine, ne franchissait pas l'aube du samedi : car dès son lever il préparait son courage pour entrer dans l'illégalité.

*   *   *

Deux événements d'une grande importance marquèrent cette période.

Par un beau samedi du mois de mai, quand les journées se font plus longues, et quand les amandiers semblent chargés de neige, nous traversions — sans le moindre bruit — les terres du « noble ».

Comme nous arrivions au beau milieu de la propriété, nos craintes s'amincirent, parce que la haie protectrice devenait plus épaisse. Je marchais le premier, d'un pas léger, malgré le poids de l'eau de Javel, de la lessive* et d'une chaise en pièces détachées, que liait une ficelle.

Des taches de soleil bougeaient sur l'eau paisible du canal. Sur mes talons, Paul chantonnait...

Mais soudain, je restai figé,* le cœur battant.

A vingt mètres devant moi, une haute silhouette venait de sortir de la haie et, d'un seul pas, se planta au milieu du sentier.

L'homme nous regardait venir. Il était très grand, sa barbe était blanche. Il portait un feutre de mousquetaire, une longue veste de velours gris, et il s'appuyait sur une canne.

J'entendis mon père qui disait, d'une voix blanche: « N'aie pas peur ! Avance ! » J'avançai bravement.

En m'approchant du danger, je vis le visage de l'inconnu.

Une large cicatrice rose, sortant de son chapeau, descendait se perdre dans sa barbe, touchant au passage le coin de son œil droit dont la paupière fermée était plate.

Ce masque me fit une si forte impression que je m'arrêtai net. Mon père passa devant moi.

Il tenait son chapeau dans une main, son carnet « d'expert » dans l'autre.

— Bonjour, monsieur, dit-il.

— Bonjour, dit l'inconnu, d'une voix grave et cuivrée. Je vous attendais.

A ce moment, ma mère poussa une sorte de cri étouffé. Je suivis son regard, et mon désarroi fut augmenté par la découverte d'un garde à boutons dorés, qui était resté dans la haie.

Il était encore plus grand que son maître, et son visage énorme était orné de deux paires de moustaches rousses: l'une sous le nez, l'autre au-dessus des yeux, qui étaient bleus et bordés de cils rouges.

Il restait à trois pas du balafré et nous regardait avec une sorte de sourire cruel.

— Je pense, monsieur, dit mon père, que j'ai l'honneur de parler au propriétaire de ce château?

— Je le suis, en effet, dit l'inconnu. Et, depuis plusieurs semaines, je vois de loin votre manège tous les samedis, malgré les précautions que vous prenez pour vous cacher.

— C'est-à-dire...* commença mon père, que l'un de mes amis, piqueur du canal...

— Je sais, dit le « noble ». Je ne suis pas venu plus tôt interrompre votre passage parce qu'une attaque de goutte m'a cloué trois mois sur ma chaise-longue. Mais j'ai donné l'ordre d'attacher les chiens le samedi soir et le lundi matin.

Je ne compris pas tout de suite. Mon père avala sa salive, ma mère fit un pas en avant.

— J'ai fait venir ce matin même le piqueur du canal qui s'appelle, je crois, Boutique...

— Bouzigue, dit mon père. C'est mon ancien élève, car je suis instituteur public, et...

— Je sais, dit le vieillard. Ce Boutique m'a tout dit. Le cabanon* dans la colline, le tramway trop court, le chemin trop long, les enfants, et les paquets... Et à ce propos, dit-il en faisant un pas vers ma mère, voilà une petite dame qui me paraît bien chargée.

Il s'inclina devant elle, comme un cavalier qui sollicite l'honneur d'une danse, et ajouta :

— Voulez-vous me permettre ?

Sur quoi, avec une autorité souveraine, il lui prit des mains les deux grands mouchoirs noués. Puis, se tournant vers le garde :

— Wladimir, dit-il, prend les paquets des enfants.

En un clin d'œil, le géant réunit dans ses mains énormes les sacs, les musettes, et le fagot qui représentait une chaise. Puis il nous tourna le dos, et s'agenouilla soudain.

— Grimpe ! dit-il à Paul.

Avec une audace intrépide, Paul prit son élan, bondit, et se trouva juché sur l'encolure du tendre* épouvantail qui partit aussitôt au galop, avec un hennissement prodigieux.

Ma mère avait les yeux pleins de larmes, et mon père ne pouvait dire un mot.

— Allons, dit le noble, ne vous mettez pas en retard.

— Monsieur, dit enfin mon père, je ne sais comment vous remercier, et je suis ému, vraiment ému...

— Je le vois bien, dit brusquement le vieillard, et je suis charmé de cette fraîcheur* de sentiments... Mais enfin, ce que je vous offre n'est pas bien grand. Vous passez, chez moi, fort modestement, et sans rien gâter. Je ne m'y oppose pas: il n'y a pas de quoi crier au miracle! Comment s'appelle cette jolie petite fille?

Il s'approcha de la petite sœur, que ma mère avait prise dans ses bras: mais elle se mit à hurler et cacha son visage dans ses mains.

— Allons, dit ma mère, fais une risette au monsieur...

— Non, non! criait-elle... Il est trop vilain! Oh non!

— Elle a raison, dit le vieillard en riant — ce qui le rendit encore plus laid — j'oublie facilement cette balafre: ce fut le dernier coup de lance d'un uhlan, dans une houblonnière en Alsace, il y a près de trente-cinq ans. Mais elle est encore trop jeune pour apprécier les vertus militaires. Passez devant, madame, je vous en prie, et dites-lui que c'est un chat qui m'a griffé: elle en tirera au moins une leçon de prudence!

Il nous accompagna tout le long du sentier en parlant avec mon père.

Je marchais devant eux, et je voyais au loin la tête blonde du petit Paul: elle filait au-dessus de la haie, et les boucles dorées flottaient au soleil.

Quand nous arrivâmes à la porte de sortie, nous le trouvâmes assis sur nos paquets: il croquait des pommes reinettes* que le géant pelait pour lui.

Il fallut prendre congé de nos bienfaiteurs. Le comte serra la main de mon père, et lui donna sa carte en disant:

— Au cas où je serais absent, ceci vous servira de laissez-passer pour le concierge. Il sera maintenant inutile de suivre les berges: je vous prie de sonner à la grille du parc, et de traverser la propriété par l'allée centrale. Elle est plus courte que le canal.

Puis, à ma grande surprise, il s'arrêta à deux pas de ma mère, et la salua comme il eût fait pour une reine. Enfin, il s'approcha d'elle, et s'inclinant avec beaucoup de grâce et de dignité, il lui baisa la main.

Elle lui répondit en esquissant une révérence de petite fille,* et elle courait, rougissante, se réfugier auprès de mon père, lorsqu'un trait d'or passa entre eux : Paul s'élançait vers le vieux gentilhomme et, saisissant la grande main brune, il la baisa passionnément.

Le soir à table, après la soupe servie à la lumière de la lampe tempête,* ma mère dit :

— Joseph, montre-nous la carte qu'il t'a donnée.

Il lui tendit le bristol, et elle lut à haute voix :

Comte Jean de X...
*Colonel au Premier Cuirassier**

Elle se tut un instant, comme troublée.

— Mais alors... dit-elle.

— Oui, dit mon père. C'est celui de Reichshoffen *

A partir de cette mémorable journée, la traversée du premier château fut notre fête du samedi.

Le concierge — un autre vieux briscard — nous ouvrait tout grand le portail; Wladimir surgissait aussitôt, et raflait notre chargement. Nous allions ensuite jusqu'au château pour saluer le colonel. Il nous donnait des pastilles de réglisse, et nous invita plusieurs fois à goûter. Mon père lui apporta un jour un livre (en loques naturellement) qu'il avait trouvé chez le brocanteur: ces feuillets contenaient un récit complet, avec des illustrations et des plans, de la bataille de Reichshoffen. Le nom du colonel y figurait en bonne place,* et mon père, qui se croyait antimilitariste, avait longuement taillé trois crayons, pour entourer d'un cadre tricolore les pages où l'auteur célébrait la vaillance du « Premier Cuirassier ».

Le vieux soldat fut d'autant plus intéressé qu'il fut très loin d'approuver le récit de l'historien — un « civil qui n'avait jamais mis le cul sur une selle » — et qu'il commença aussitôt la rédaction d'un mémoire pour rétablir la vérité.

Chaque samedi, en nous raccompagnant à travers ses jardins, il cueillait au passage un bouquet de grandes roses rouges, dont il avait créé l'espèce, et qu'il avait nommées « les Roses du Roy ». Il en épointait les épines avec de petits ciseaux d'argent, et au moment de nous quitter, il offrait ces fleurs à ma mère, qui ne pouvait jamais s'empêcher de rougir. Elle ne les confiait à personne, et le lundi matin, elle les rapportait en ville. Pendant toute la semaine, elles brillaient sur un guéridon, penchées au bord d'un vase d'argile blanche dans un coin de la salle à manger, et notre maison républicaine était comme anoblie par les Roses du Roy.

Le château de la « Belle au bois dormant » ne nous avait jamais fait peur. Mon père disait en riant qu'il avait bien envie de s'y installer pour les vacances. Ma mère, cependant, craignait qu'il ne fût hanté.

Paul et moi, nous avons essayé plusieurs fois d'ouvrir un volet du rez-de-chaussée, afin de voir les seigneurs immobiles, autour de la Belle endormie. Mais les planches de chêne étaient bien trop épaisses pour mon canif à lame de fer blanc.

Cependant, en collant son œil à une fente, Paul vit un jour distinctement un cuisinier immense entouré de huit marmitons: ils étaient tous figés devant un sanglier embroché. Quand je regardai à mon tour, je ne pus rien distinguer. Mais le tableau qu'il m'avait décrit correspondait si exactement à une illustration de Valvérane (artiste bien informé) que je crus sentir tout à coup une odeur ancienne de rôti, et l'étrange parfum d'une fumée froide dont le mystère me troubla.

Le troisième château, celui du notaire, nous réservait une autre alerte, et une autre surprise.

Un jour, comme nous franchissions, sans trop nous presser, une éclaircie de la haie, une voix puissante et furieuse nous épouvanta. Elle criait:

— Hé là-bas, où allez-vous?

Nous vîmes un paysan d'une quarantaine d'années, qui fonçait vers nous au pas de course, en brandissant une fourche. Il avait une épaisse tignasse frisée, et une forte moustache noire, hérissée comme celle d'un chat.

Mon père, assez ému, feignait de ne pas l'avoir vu et rédigeait une note sur le carnet protecteur; mais l'homme était animé d'une véritable fureur, et il arrivait au galop: la main de ma mère trembla dans la mienne, et Paul, terrorisé, plongea dans un buisson.

Ce meurtrier s'arrêta soudain à quatre pas. Levant sa fourche, les dents vers le ciel, aussi haut qu'il put, il en planta le manche dans le sol. Puis, agitant violemment ses deux bras écartés, il s'avança vers mon père en remuant sa tête par saccades. Cependant, de sa bouche écumante sortaient ces paroles fleuries:

— Ne vous en faites pas.* Les patrons nous regardent. Ils sont à la fenêtre du premier étage. J'espère que le vieux va bientôt crever,* mais il en a encore pour six mois.

Puis les deux poings sur les hanches, et le buste penché en avant, il vint parler sous le nez de mon père, qui reculait pas à pas.

— Tant que vous verrez ces fenêtres ouvertes, ne passez pas sur la berge. Passez en bas, de l'autre côté, le long des tomates. Donnez-moi votre carnet, parce qu'il veut que je vous demande vos papiers, et que je prenne votre nom et votre adresse.

Il arracha le carnet des mains de mon père qui disait, avec un peu d'inquiétude: « Je m'appelle... »

— Vous vous appelez Esménard Victor, quatre-vingt-deux rue de la République. Maintenant, vous allez partir en courant, pour que ça fasse bon effet.

Le bras tendu, l'index pointé, il nous montrait, d'un air sauvage, le chemin de la liberté. Tandis que nous filions au pas gymnastique, il mit les mains en porte-voix, et hurla:

— Et que ça ne vous arrive plus, parce que la prochaine fois, ça se passera à coups de fusil!*

Dès que nous fûmes en sûreté, de l'autre côté du mur, nous fîmes une courte halte, pour nous féliciter, et pour rire à notre aise. Mon père, qui avait ôté ses lunettes pour éponger la sueur de son front, se mit à moraliser:

— Tel est le peuple: ses défauts ne viennent que de son ignorance. Mais son cœur est bon comme le bon pain,* et il a la générosité des enfants.

Paul et moi, nous dansions au soleil et nous chantions avec une joie satanique:

— Il va crever! il va crever!

Depuis ce jour-là, à chaque passage, l'homme à la fourche, qui s'appelait Dominique, nous fit grand accueil.

Nous passions toujours sous la berge, au bord du champ, et nous trouvions Dominique au travail.

Il piochait la vigne, ou binait des pommes de terre, ou liait des tomates.

Mon père disait, avec un clin d'œil complice:* « Voilà la famille Esménard qui passe, et qui vous salue bien. »

Dominique clignait de l'œil à son tour, et riait longuement de la plaisanterie hebdomadaire. Puis il s'écriait:

— Salut Esménard Victor!

Et mon père riait à son tour, et toute la famille poussait des cris de joie.

Ma mère lui offrait alors un paquet de tabac pour sa pipe, cadeau mortel qu'il acceptait sans façon. Puis Paul demandait:

— Est-ce qu'il est crevé?

— Pas encore, disait Dominique. Mais ça va venir! Il est à Vichy,* il ne boit plus que de l'eau minérale!

Il ajoutait:

— Là-bas, sous le figuier, il y a un petit panier de prunes pour vous... Surtout, rapportez-moi le panier...

D'autres fois, c'étaient des tomates ou des oignons, et nous repartions, à la file indienne, marchant dans l'herbe sur nos ombres qu'allongeait le soleil couchant.

Mais il restait le château de l'ivrogne et du molosse malade.

Lorsque nous arrivions devant cette porte fermée, nous gardions d'abord le silence.

Ensuite, mon père appliquait son œil contre le trou de la serrure, longuement. Puis il sortait de sa poche la burette de la machine à coudre et injectait quelques gouttes d'huile. Enfin, il introduisait la clef sans le moindre bruit et la faisait tourner lentement.

Alors, il poussait la porte d'une main prudente, et comme s'il craignait une explosion. Quand elle était entre-bâillée, il plongeait sa tête dans l'ouverture, et il écoutait, il explorait du regard les terres interdites. Enfin, il entrait. Nous le suivions en silence, et il refermait la porte sans bruit. Le plus dur nous restait à faire.

Pourtant, nous n'avions jamais rencontré personne, mais le chien malade nous hantait.

Je pensais: «Il doit être enragé, parce que les chiens n'ont pas d'autre maladie.» Paul me disait: «Moi, je n ai pas peur. Regarde!»

Il me montrait une poignée de morceaux de sucre, qu'il se proposait de lancer au monstre afin de l'occuper pendant que papa étranglerait le garde. Il m'en parla avec beaucoup d'assurance, mais il marchait sur la pointe des pieds. Ma mère, par instants, s'arrêtait toute pâle, le nez pincé, la main sur son cœur. Mon père, qui prenait un air guilleret pour soutenir notre courage, la raisonnait à voix basse:

— Augustine, tu es ridicule! Tu meurs de peur, et pourtant cet homme, tu ne le connais pas.

— Je connais sa réputation!

— On n'a pas toujours celle qu'on mérite!

— Le colonel nous a dit l'autre jour que c'était un vieil abruti.

— Abruti, très certainement, puisque ce malheureux s'adonne à la boisson. Mais il est bien rare qu'un vieux pochard soit méchant. Et puis, si tu veux mon avis, je suis sûr qu'il nous a déjà vus plusieurs fois, et qu'il ne nous a rien dit, parce qu'il s'en moque. Ses maîtres ne sont jamais là, et nous ne faisons aucun mal. Quel intérêt aurait-il à nous courir après, avec sa jambe raide et son chien malade?

— J'ai peur, disait ma mère. C'est peut-être stupide, mais j'ai peur.

— Eh bien! disait mon père, si tu continues ces enfantillages, moi, je monte jusqu'au château et je vais tout simplement lui demander la permission.

— Non, non, Joseph! Je t'en supplie... Ça va me passer...* C'est nerveux, tout simplement. Ça va me passer...

Je la regardais, toute pâle, blottie contre les rosiers sauvages, dont elle ne sentait pas les épines. Puis elle respirait profondément, et disait avec un sourire:

— Voilà, c'est fini! Allons-y!

On y allait, et tout se passait fort bien.

Le mois de juin fut un mois sans dimanches: il me parut bordé de deux hautes murailles, et ce long corridor de prison était fermé, là-bas, par une épaisse porte de fer, la porte des Bourses.

Ce fut le mois des « révisions générales », que je fis avec passion, non point par amour de la science, mais soutenu par la vanité d'être le champion qui allait défendre l'honneur de l'Ecole du Chemin des Chartreux.

Cette vanité tourna très vite au cabotinage.* Pendant les récréations, je faisais les cent pas, tout seul, le long du mur de la cour. Grave, le regard perdu, la lèvre marmonnante, je « révisais », sous les yeux de mes camarades, qui n'osaient pas s'approcher du Penseur — et si quelque audacieux m'adressait la parole, je feignais de tomber du haut de la Science, et j'abaissais un regard douloureux vers l'importun, aussitôt morigéné à voix basse par les « supporters » du champion.

Cette comédie que je jouais avec une sincérité d'acteur, ne fut pas inutile: c'est parfois en jouant les héros qu'un cabotin devient un héros véritable. Mes progrès étonnèrent mes maîtres, et quand vint le jour de l'examen — col rabattu, cravate à ganse,* la joue pâle, et le cheveu plat — je me tirai fort bien d'affaire.*

Monsieur le Directeur — qui avait des intelligences dans le jury — nous apprit que ma rédaction avait été « fort remarquée », ma dictée « parfaite » et qu'on avait apprécié mon écriture.

Par malheur, je n'avais pas su résoudre le second problème, qui concernait les alliages.

Son « énoncé » avait été rédigé avec tant de finesse qu'aucun des deux cents candidats ne l'avait compris, sauf un nommé Oliva, qui obtint ainsi la première place: je n'avais que la seconde.

On ne me gronda pas, mais ce fut une déception; elle se traduisit par un tollé général,* lorsque M. le Directeur, dans la cour au milieu de ses maîtres, lut à haute voix le fatal énoncé: il dit — oui, il le dit devant moi — qu'à première vue, il n'y comprenait rien *lui-même*.

M. Besson affirma que c'était un problème de brevet élémentaire;* M. Suzanne fut d'avis que le rédacteur* de cette énigme n'avait sans doute jamais parlé à des enfants, et M. Arnaud, qui était jeune et vigoureux, déclara qu'on y voyait clairement l'astuce compliquée et la subtile fourberie des « secondaires ». Il conclut qu'un bon esprit ne pouvait s'y retrouver,* et il finit par me féliciter de n'y avoir rien compris.

Cependant, l'indignation générale se calma, lorsqu'on apprit que cet Oliva n'était pas un traître, puisqu'il venait aussi d'une école primaire, celle de la rue de Lodi, qui était la sœur de la nôtre; l'idée que les deux premiers étaient « de chez nous »* transforma mon échec en succès.

Pour moi, j'étais profondément déçu, et je tentai bassement de déshonorer le triomphe du redoutable Oliva, en disant qu'un garçon qui manipulait si bien les alliages ne pouvait être que le fils d'un faux-monnayeur.

Cette hypothèse vengeresse et romanesque fut acceptée par Paul avec une joie fraternelle, et je me proposais de la répandre dans toute l'école: je l'aurais fait certainement, si je n'avais pas oublié d'y penser, car je m'aperçus, tout à coup, ébloui comme à la sortie d'un tunnel, que nous étions sur la porte des grandes vacances!

Alors, Oliva, l'énoncé, le directeur, les secondaires, tout disparut sans laisser de trace: je me remis à rire et à rêver, tout en préparant — tremblant de joie et d'impatience — le DÉPART.

Il y avait cependant une petite ombre au tableau: l'oncle Jules et la tante Rose ne partiraient pas avec nous. Cela ferait un grand vide dans la maison, et je craignais que notre équipe de chasse ne fût décapitée* par l'absence du meneur de jeu.* Absence d'ailleurs fort peu justifiée par un voyage dans le Roussillon,* à seule fin de montrer le cousin Pierre à la famille vigneronne, qui l'attendait (disait-on) avec une grande impatience.

« L'enfant de vieux »* était devenu un très gros bébé, qui riait de tout, même d'une bosse, et qui commençait à parler vraiment. Comme il n'avait pas encore pris un parti sur la prononciation des r,* je fis remarquer à la tante Rose qu'il était bien dangereux de l'emmener chez des étrangers, qui lui imposeraient par surprise le terrible accent de Perpignan.

Elle me rassura par la promesse formelle de revenir, avant le 1er août, à notre chère Bastide Neuve.

Nous arrivâmes enfin au 30 juillet, veille solennelle de l'événement.

Je fis de grands efforts pour dormir, mais il me fut impossible de trouver le sommeil, qui supprime si bien les heures inutiles: je pus cependant les mettre à profit en vivant par avance quelques épisodes de la resplendissante épopée qui allait commencer le lendemain. J'étais sûr que ce serait encore plus beau que l'année précédente, parce que j'étais plus vieux et plus fort, et parce que je savais les secrets des collines: et une grande douceur me baignait à la pensée que mon cher Lili, lui non plus, ne dormait pas.

La matinée du lendemain fut consacrée à la mise en ordre de la maison, que nous allions abandonner pendant deux mois, et je fus envoyé chez le « droguiste », pour acheter ces boules de naphtaline que l'on retrouve dans ses poches au premier froid.

Puis, on mit la dernière main* à nos bagages, que ma mère préparait depuis plusieurs jours, car c'était presque un déménagement... Elle avait déclaré plusieurs fois qu'il serait indispensable de faire appel au mulet de François: mais mon père, d'abord muet, finit par révéler la vérité: nos finances avaient souffert de trop nombreux achats, qui devaient assurer le confort des vacances, et une nouvelle dépense de quatre francs pouvait amener une dangereuse rupture d'équilibre.

— Et d'autre part, dit-il, nous sommes quatre, puisque Paul a maintenant la force de porter au moins trois kilos...

— Quatre! cria Paul, tout rouge de fierté.

— Et moi, dis-je vivement, je peux porter au moins dix kilos!

— Mais Joseph, se lamentait ma mère, regarde! Regarde ces paquets, ces ballots, ces valises! Est-ce que tu les as vus? Est-ce que tu les vois?

Alors mon père, les yeux mi-clos, les bras allongés vers une apparition, se mit à chanter d'une voix suave:

En fermant les yeux* je vois là-bas
Une maisonnette toute blanche
Au fond des boi...s

*　　　*　　　*

Après un déjeuner rapide, le volume et le poids de notre chargement furent si habilement répartis que nous prîmes le grand départ sans rien laisser derrière nous.

Je portais deux musettes: l'une contenait des pavés de savon, l'autre des boîtes de conserves, et diverses charcuteries.

Sous chaque bras, un ballot soigneusement ficelé: c'étaient des couvertures, des draps, des taies d'oreillers, des serviettes. Au centre de ces lingeries protectrices, ma mère avait glissé les objets fragiles.

Sous mon bras gauche, deux verres de lampe, et une petite danseuse en plâtre, toute nue, et la jambe en l'air.

Sous mon bras droit, une salière géante, en verre de Venise (1 fr. 50 chez notre ami le brocanteur*) et un réveille-matin de grande taille (2 fr. 50) qui devait sonner puissamment l'Angélus des chasseurs. Comme on avait oublié de l'arrêter, j'entendais, à travers les couvertures, son tic-tac ferblantier.

Enfin, mes poches étaient bourrées de boîtes d'allumettes et de sachets de papier qui contenaient du poivre, de la noix muscade, des clous de girofle, du fil, des aiguilles, des boutons, des lacets de souliers et deux encriers cachetés de cire.

On accrocha dans le dos de Paul un vieux cartable, plein de boîtes de sucre et surmonté d'un oreiller roulé dans un châle: par derrière, on ne voyait plus sa tête.

Dans sa main gauche, un filet,* assez léger, mais d'un volume considérable: c'étaient des provisions de tilleul, de verveine, de camomille, et des herbes de la Saint-Jean.* Sa main droite fut laissée libre,en vue du remorquage de la petite sœur, qui serrait sur son cœur une poupée.

Ma mère avait eu l'intention de porter elle-même deux valises en simili-cuir, contenant notre argenterie (qui était en fer étamé) et des assiettes de faïence. Le tout pesait fort lourd, et je décidai d'intervenir. Je glissai dans mes poches la moitié des fourchettes, je mis les cuillères dans le sac de Paul et six assiettes dans mes musettes. Elle ne s'en aperçut pas.

Le sac tyrolien, prodigieusement gonflé, et toutes poches en relief,* pesiat sans doute plus que moi.

Nous le hissâmes d'abord sur une table. Puis mon père fit un pas en avant, et tourna le dos à la table. Ses hanches étaient déjà grandement élargies par une ceinture de musettes, d'où sortaient des manches d'outils, des goulots de bouteilles et des queues de poireaux. En deux temps,* il s'agenouilla.

Alors, nous fîmes basculer ce chargement sur ses épaules. Le petit Paul, la bouche ouverte, les poings crispés et la nuque rentrée entre ses omoplates, regardait la terrible entreprise où il pensait perdre son père. Mais Joseph ne fut pas écrasé: on l'entendit boucler les bretelles de cuir, et le sac, lentement d'abord, se souleva. Dans le grand silence, un genou craqua, puis un autre, et Joseph, formidable, fut debout.

Il respira profondément, haussa deux ou trois fois les épaules pour y loger les courroies, et se mit en marche autour de la salle à manger.

« C'est parfait », dit-il simplement. Puis sans la moindre hésitation, il alla ramasser les deux grandes valises: elles étaient si bien remplies qu'il avait fallu renforcer leurs flancs par des cordes qui en faisaient trois fois le tour. Leur poids tendit visiblement ses bras, qui en parurent allongés: il utilisa fort judicieusement cette tension pour coincer sous ses aisselles, d'une part son fusil de chasse (dans l'étui râpé de simili-cuir) et de l'autre côté la longue-vue de marine qui avait dû souffrir des tempêtes du cap Horn, car on entendait tinter ses lentilles comme autant de grelots.

*   *   *

Il fut assez difficile de monter sur la plate-forme arrière du tramway. Il ne fut pas facile d'en descendre, et je revois encore cet employé,* qui tenait d'une main impatiente le cordon de cuir de la sonnette, pendant notre laborieux débarquement.

Nous étions cependant fort joyeux, et nos forces étaient doublées par la perspective ensoleillée de l'immensité des grandes vacances. Mais, vu de loin, notre cortège était si pathétique que des passants offrirent de nous aider: mon père refusa en riant et piqua* un petit galop pour montrer que ses forces dépassaient grandement le poids de ses fardeaux...

Cependant, un roulier jovial, qui transportait un déménagement, vint prendre sans mot dire les deux valises de ma mère et les accrocha sous sa charrette, où elles se balancèrent en cadence jusqu'à la grille du colonel.

Wladimir, qui semblait nous attendre, offrit d'abord à ma mère les roses rouges rituelles, et nous dit que son maître était forcé de garder la chambre à cause d'une nouvelle attaque de goutte, mais qu'il viendrait bientôt nous faire la surprise d'une visite à la Bastide Neuve, ce qui nous remplit de joie, de fierté, et de confusion. Puis il s'empara de tous les paquets et ballots qui n'étaient pas attachés sur leur porteur et nous précéda jusqu'à la porte de Dominique, après la « Belle au bois dormant ».

La troisième traversée nous parut longue: Dominique n'était pas là, et toutes les fenêtres étaient fermées.

Nous fîmes une pause sous le grand figuier: mon père, tournant le dos au puits, appuya son sac tyrolien sur la margelle et, passant la main sous les courroies, frictionna longuement ses épaules. Nous repartîmes revigorés.*

Nous arrivâmes enfin devant la porte noire, porte de l'inquiétude et de la liberté.

Nous fîmes une nouvelle pause, en silence, pour nous préparer à l'effort suprême.

— Joseph, dit soudain ma mère toute pâle, j'ai un pressentiment!

Mon père se mit à rire:

— Moi aussi! dit-il. J'ai le pressentiment que nous allons passer des vacances magnifiques! J'ai le pressentiment que nous allons manger de belles brochettes* de grives, de darnagas et de perdrix! J'ai le pressentiment que les enfants vont prendre* trois kilos chacun! Allons, ouste!* en route! On ne nous a rien dit depuis six mois, pourquoi nous dirait-on quelque chose aujourd'hui?

Il injecta la goutte d'huile, fit le manège habituel, puis ouvrit la porte toute grande et se baissa pour faire passer son chargement.

— Marcel, me dit-il, donne-moi tes paquets et marche en avant-garde! Pour rassurer ta mère, il faut prendre toutes les précautions possibles. Va doucement.

Je m'élançai, tel un Sioux* sur le sentier de la guerre, bien abrité par la haie, et j'inspectai les lieux.

Rien. Toutes les fenêtres du château étaient fermées, même celles de l'appartement du garde.

J'appelai la troupe, qui attendait mes ordres:

— Venez vite! dis-je à voix basse. Le garde n'est pas là!

Mon père s'avança, regarda la lointaine façade, et dit:

— C'est ma foi vrai!

— Qu'est-ce que tu en sais? dit ma mère.

— Après tout, il est assez naturel que cet homme quitte parfois le château! Il est tout seul: il est sûrement allé aux provisions!

— Eh bien, moi, ça m'inquiète que ces fenêtres soient fermées. Il est peut-être caché derrière les volets et il nous surveille par un trou.

— Allons donc! dit mon père. Tu as une imagination maladive. Je parie que nous pourrions marcher en chantant. Mais enfin, pour ménager tes nerfs, nous allons jouer aux Indiens Comanches, « dont le passage ne fait même pas frissonner les hautes herbes de la prairie ».

Nous cheminâmes avec une prudence extrême et une sage lenteur. Mon père, écrasé sous le poids de sa charge, transpirait horriblement. Paul s'arrêta pour enrouler une poignée d'herbe autour de la ficelle de son paquet, qui lui coupait les doigts. La petite sœur, effarée, était aussi muette que sa poupée.

De temps à autre, dressant son index minuscule devant sa bouche, elle disait dans un sourire: « Chu... u... ut... » avec des yeux de lapin traqué. La pâleur muette de ma mère me serrait le cœur, mais je voyais au loin, par-dessus les arbres, au-delà des murs, le sommet bleu de la Tête-Rouge, où j'irais tendre mes pièges avant la nuit, au chant d'un grillon solitaire, et je savais qu'au pied de La Treille, Lili m'attendait, l'air indifférent, mais qu'il serait tout plein de nouvelles, de projets, et d'amitié.

La longue traversée fut réussie sans encombre, sinon sans angoisse, et nous arrivâmes devant la dernière porte, la porte magique qui allait s'ouvrir sur les grandes vacances.

Mon père se tourna vers ma mère, en riant:

— Eh bien... Ton pressentiment?

— Ouvre vite, je t'en supplie... Vite... vite...

— Ne t'énerve pas, dit-il. Tu vois bien que c'est fini!

Il fit tourner la clef dans la serrure, et tira. La porte résista. Il dit soudain d'une voix blanche:

— On a mis une chaîne, et un cadenas!

— Je le savais! dit ma mère. Tu ne peux pas l'arracher?

Je regardai, et je vis que la chaîne passait dans deux pitons à boucle: l'un était vissé dans la porte, l'autre dans le chambranle, dont le bois me parut moisi.

— Mais oui, dis-je, on peut l'arracher!

Mais mon père saisit mon poignet et dit à voix basse:

— Malheureux! ce serait une effraction!

— Une effraction! cria soudain une voix graillonneuse,* eh oui une effraction! Et ça peut valoir trois mois de prison!

D'un fourré, près de la porte, sortit un homme de taille moyenne, mais énorme. Il portait un uniforme vert et un képi. A sa ceinture était suspendu un étui de cuir noir d'où sortait la crosse d'un revolver d'ordonnance. Il tenait en laisse, au bout d'une chaîne, un chien affreux, celui que nous avions si longtemps redouté.

C'était un veau à tête de bouledogue.

Dans son poil ras d'un jaune sale, la pelade avait mis de grandes taches roses, qui ressemblaient à des cartes de géographie. Sa patte gauche arrière restait en l'air, agitée de saccades convulsives; ses épaisses babines pendaient longuement, prolongées par des fils de bave, et de part et d'autre de l'horrible gueule, deux canines se dressaient, pour le meurtre des innocents. Enfin, le monstre avait un œil laiteux; mais l'autre, énormément ouvert, brillait d'une menace jaune, tandis que de son nez glaireux sortait par intervalles un souffle ronflant et sifflant.

Le visage de l'homme était aussi terrible. Son nez était piqueté de trous, comme une fraise; sa moustache, blanchâtre d'un côté, était queue de vache* de l'autre, et ses paupières inférieures étaient bordées de petits anchois* velus.

Ma mère poussa un gémissement d'angoisse, et cacha son visage dans les roses tremblantes. La petite sœur se mit à pleurer. Mon père, blême, ne bougeait pas: Paul se cachait derrière lui, et moi, j'avalais ma salive...

L'homme nous regardait sans rien dire; on entendait le râle du molosse.

— Monsieur, dit mon père...

— Que faites-vous ici? hurla soudain cette brute. Qui vous a permis d'entrer sur les terres de Monsieur le Baron? Vous êtes ses invités, peut-être, ou ses parents?

Il nous regardait tour à tour, de ses yeux globuleux et brillants.

Chaque fois qu'il parlait, son ventre tressautait, en soulevant le revolver. Il fit un pas vers mon père.

— Et d'abord, comment vous appelez-vous?

Je dis soudain:

— Esménard Victor.

— Tais-toi, dit Joseph. Ce n'est pas le moment de plaisanter.

A grand-peine, à cause des paquets, il sortit son portefeuille, et tendit sa carte.

Cette brute la regarda, puis se tournant vers moi:

— En voilà un qui est bien dressé! Il sait déjà donner un faux nom!

Il regarda de nouveau la carte, et s'écria:

— Instituteur public! Ça, c'est le comble! Un instituteur qui pénètre en cachette dans la propriété d'autrui! Un Instituteur! D'ailleurs, ce n'est peut-être pas vrai. Quand les enfants donnent de faux noms, le père peut donner une fausse carte.

Joseph enfin retrouva la parole, et fit une assez longue plaidoirie. Il parla de la « villa » (qu'il appela, pour la circonstance, le cabanon), de la santé de ses enfants, des longues marches qui épuisaient ma mère, de la sévérité de M. l'Inspecteur d'Académie... Il fut sincère et pathétique, mais piteux. J'avais le sang aux joues, et je brûlais de rage. Il comprit sans doute mes sentiments, car il me dit, dans son désarroi:

— Ne reste pas là. Va jouer plus loin avec ton frère.

— Jouer à quoi? rugit le garde. A voler mes prunes? Ne bouge pas, me dit-il. Et que ça te serve de leçon!

Puis, se tournant vers mon père:

— Et d'abord, qu'est-ce que c'est que cette clef? C'est vous qui l'avez fabriquée?

— Non, dit faiblement mon père.

La brute examina la clef, y vit je ne sais quelle marque, et s'écria:

— C'est une clef de l'administration! Vous l'avez volée?

— Vous pensez bien que non.*

— Alors?

Il nous regardait en ricanant. Mon père hésita, puis dit bravement:

— Je l'ai trouvée.

L'autre ricana de plus belle:

— Vous l'avez trouvée sur la route, et vous avez tout de suite compris qu'elle ouvrait les portes du canal... Qui vous l'a donnée?

— Je ne puis pas vous le dire.

— Ha! ha! vous refusez de le dire! J'en prends note, et ça sera sur mon rapport, et la personne qui vous a prêté cette clef n'aura peut-être plus l'occasion de traverser cette propriété.

— Non, dit mon père avec feu. Non, vous ne ferez pas ça! Vous n'allez pas briser la situation d'un homme qui, par gentillesse, par pure amitié...

— C'est un fonctionnaire qui n'a pas de conscience! hurla le garde. Je l'ai vu dix fois me voler mes figues...

— Vous avez dû vous tromper, dit mon père, car je le crois parfaitement honnête!

— Il vous l'a prouvé, ricana le garde, en vous donnant la clef d'un service public!

— Il y a une chose que vous ignorez, dit mon père: c'est qu'il l'a fait pour le bien du canal. J'ai certaines connaissances sur les ciments et les mortiers, qui me permettent de contribuer, dans une certaine mesure, à l'entretien de cet ouvrage d'art . Voyez vous-même ce carnet.

Le garde le prit et le feuilleta.

— Alors, vous prétendez que vous êtes ici comme expert?

— Dans une certaine mesure, dit mon père.

— Et ceux-là aussi, dit-il en nous montrant, ce sont des experts? Je n'ai encore jamais vu des experts de cet âge-là. Mais ce que je vois, en tout cas, parce que c'est écrit sur ce carnet, c'est que vous passez frauduleusement ici tous les samedis depuis six mois! C'est une preuve magnifique!

Il mit le carnet dans sa poche.

— Et maintenant, ouvrez-moi tous ces paquets.

— Non, dit mon père. Ce sont mes affaires personnelles.

— Vous refusez? Faites bien attention. Je suis garde assermenté.

Mon père réfléchit une seconde, puis il mit bas son sac, et l'ouvrit.

— Si vous aviez maintenu ce refus, je serais allé chercher les gendarmes.

Il fallut ouvrir les valises, vider les musettes, dérouler les ballots, et cette exposition dura près d'un quart d'heure. Enfin, tous nos pauvres trésors furent installés sur l'herbe en pente du remblai, comme les primes d'un tir forain...* La salière étincelait, la petite danseuse levait la jambe, et le grand réveil, fidèle comptable* de la marche des astres, annonçait impartialement 4 h 10, même pour la brute imbécile qui le regardait d'un air méfiant.

La revue fut longue et minutieuse.

L'abondance des nourritures excita la jalousie de cette bedaine.

— On dirait, dit-il d'un air soupçonneux, le cambriolage d'une épicerie!

Il examina ensuite le linge, les couvertures, avec la sévérité d'un douanier espagnol.

— Et maintenant, dit-il, le fusil!

Il le gardait pour la bonne bouche: tout en ouvrant l'étui dis'soqué, il demanda:

— Il est chargé?

— Non, dit mon père.

— C'est heureux pour vous.

Le garde fit basculer le canon, et l'appliqua à son œil, comme un télescope.

— Il est propre, dit-il. C'est encore heureux pour vous.

Il referma l'arme avec un claquement de piège à rats, et ajouta:

— Avec ce genre de pétoire,* il est facile de manquer un perdreau, mais il est possible d'abattre un garde. Un garde qui ne se méfierait pas...*

Il nous regarda d'un air sombre: je vis alors clairement une stupidité sans fond. Plus tard, au lycée, lorsque, pour la première fois, j'ai lu le mot de Baudelaire:* « La bêtise au front de taureau », j'ai pensé à lui. Il ne lui manquait que des cornes. Mais j'espère pour l'honneur des femmes, qu'il avait dû en porter.*

Il prit soudain un air engageant, et dit:

— Où sont les cartouches?

— Je n'en ai pas encore, dit mon père. Je ne les ferai que la veille de l'ouverture; à cause des enfants, je n'aime pas avoir des cartouches chargées à la maison.

— Evidemment, dit le garde en me regardant sévèrement. Quand un enfant sait donner un faux nom et montre des dispositions pour l'Effraction, il ne lui manque plus qu'un fusil chargé!

Je fus assez fier de cette appréciation. Je pensais depuis dix minutes à sauter sur sa ceinture, pour lui arracher son revolver et le tuer délicieusement. Je jure que s'il n'avait pas eu ce chien énorme, qui m'eût avalé au passage, je l'aurais essayé.

Il rendit le fusil à mon père, et jeta un regard circulaire sur nos dépouilles éparpillées.

— Je ne savais pas, dit-il d'un air soupçonneux, qu'on est si bien payé dans l'enseignement!

Mon père gagnait 150 francs par mois. Mais il mit à profit la réplique, et dit:

— C'est pour ça que je voudrais bien y rester.

— Si on vous révoque, dit le garde, ce sera de votre faute. Moi, je n'y puis rien! Maintenant, vous allez prendre vos paquets, et retourner par où vous êtes venus. Moi je vais faire mon rapport pendant qu'il est encore tout chaud. Allez, viens, Mastoc!

Il tira sur la laisse et entraîna le monstre, qui tournait son regard vers nous, avec des grondements désespérés, comme s'il regrettait de ne pas nous avoir égorgés.

A ce moment la sonnerie du réveille-matin éclata comme un feu d'artifice: ma mère, poussant un faible cri, tomba assise sur l'herbe. Je m'élançai; elle s'évanouit dans mes bras. Le garde, qui était au bas du talus, se retourna et vit la scène: il se mit à rire et dit, jovial:

— Bien joué, mais ça ne prend pas!

Puis, il s'éloigna, d'un pas incertain, et tirant la bête qui lui ressemblait.

*   *   *

Ma mère fut vite rappelée.* Pendant que Joseph la frictionnait, les larmes et les baisers de ses petits garçons agirent aussi promptement que les meilleurs sels d'Angleterre.*

On s'aperçut alors que la petite sœur avait disparu. Elle s'était cachée dans un roncier,* comme une souris épouvantée; elle ne répondait pas à nos appels, et restait immobile à genoux, les mains sur les yeux.

Ensuite, on refit les paquets, en replaçant, un peu au hasard, le saucisson, les savonnettes, le robinet, et mon père parlait à voix basse:

— Comme on est faible, quand on est dans son tort! Ce garde est un immonde cochon, et un lâche de la pire espèce. Mais il avait la loi pour lui, et moi j'étais prisonnier de mon imposture. Tout était coupable, de mon côté: ma femme, mes enfants, ma clef... Les vacances ne commencent pas bien. Je ne sais même pas si elles finiront...

— Joseph, dit ma mère tout à coup ragaillardie, ce n'est quand même pas la fin du monde.

Mon père dit alors cette phrase sibylline:

— Tant que je suis instituteur, nous sommes en vacances. Mais si dans huit jours, je ne le suis plus, je serai en chômage...

Et il serra sur ses épaules les courroies du sac tyrolien.

Le retour fut lugubre. Nos paquets avaient été rattachés en hâte, et il en tombait divers objets. Comme je marchais le dernier, je ramassai dans l'herbe un peigne, un pot de moutarde, une lime, une écumoire, une brosse à dents.

De temps à autre, ma mère disait à voix basse :

— Je le savais.

— Mais non, disait mon père avec humeur. Tu ne le savais pas, mais tu le craignais. Et tu avais raison de le craindre, mais ça pouvait arriver n'importe quand. Il n'y a là ni mystère ni pressentiment, mais simplement bêtise de ma part, et cruauté de la part de cet imbécile.

Et il répétait sans cesse : « Comme on est faible quand on a tort. »

La vie m'a appris qu'il se trompait, et qu'on est faible quand on est pur.

Nous arrivâmes devant la première porte du retour, et une nouvelle catastrophe nous accabla : Joseph avait, comme d'ordinaire, très soigneusement refermé à clef toutes les portes après notre passage : mais la clef, la clef des vacances et de nos malheurs, l'impitoyable garde l'avait mise dans sa poche...

Joseph déposa ses paquets et examina le mur : il était infranchissable, à cause de sa hauteur et des cruels culs de bouteille qui étincelaient sur sa crête...

Nous eûmes un moment de désespoir...

Alors mon père ouvrit l'une des poches de son sac et en tira une pince de mécanicien. Il était sombre, mais décidé, et nous le regardions en silence, car nous sentions obscurément qu'il allait prendre de graves responsabilités.

En effet, il descendit du remblai, entra dans la vigne, et coupa froidement, sans se presser, un morceau du fil de fer qui soutenait les pampres, puis il en fit une sorte de petit crochet. On voyait clairement sur son visage la résolution et la révolte de quelqu'un qui n'a plus rien à perdre, et dont le déshonneur est si grand que rien ne saurait l'augmenter.

Il s'approcha de la porte, enfonça le crochet dans la serrure, ferma les yeux, et se courba pour rapprocher son oreille des cliquetis coupables de son outil... C'était la première fois que je voyais un cambrioleur au travail, et ce criminel, c'était mon père!

Enfin, après trois douzaines de « clics » inutiles, et comme Joseph commençait à s'énerver, il y eut un « clac » brutal et joyeux, et la porte violée nous livra le passage.

Nous étions passés devant lui en courant.

— Ce n'est pas tout! dit-il. Il faut la refermer!

Il travailla encore quelques minutes, et le pêne claqua de nouveau.

Alors Joseph se releva, et son visage crispé sourit enfin, comme si cette remise en ordre effaçait à jamais sa culpabilité.

Nous partîmes gaillardement vers la porte suivante: mais comme elle s'ouvrait sur l'amitié de Dominique, la main paternelle ne trembla plus, et la serrure fut crochetée fort élégamment: il me sembla même que Joseph était assez fier de son habileté de cambrioleur, car il nous fit un clin d'œil joyeux, aggravé par un petit sourire cynique. Puis il dit:

— J'estime que nous étions en état de légitime défense. Ce garde avait le droit de nous accuser, mais non pas de nous condamner... Allons raconter l'histoire à Dominique: je le crois de bon conseil

Mais les volets de la ferme étaient toujours clos... Il était sans doute au village, à la partie de boules. Chez le colonel, nous retrouvâmes Wladimir. Il écouta le récit de mon père — récit convenablement raccourci — et dit:

— Moi, j'irais bien voir cet homme-là. Mais je lui ai parlé trois fois dans ma vie, et trois fois je l'ai frappé. Si j'y vais, je le frappe encore. Alors, il vaut mieux en parler à mon colonel. Par malheur, il est à la clinique. Oui, il m'avait défendu de le dire, mais maintenant je vous le dis. On lui a fait une Opération. Demain matin, je vais le voir, et s'il est bien, je lui dirai... Mais je ne sais pas s'il pourra faire quelque chose...

— Pourtant, dit mon père, le propriétaire est aussi un noble! C'est un baron...

—Justement non! dit Wladimir. Mon colonel dit que ce n'est pas vrai et qu'il s'appelle Canasson.* A ce qu'il paraît que ce'st un gros marchand de viande... Un jour, en sortant de la messe, à La Valentine, l'autre est venu se présenter, en disant: «Je suis le baron des Acates», et Monsieur le Comte a dit: «Je vous croyais baron d'Agneau* ». L'autre est parti sans dire un mot.

— Alors, dit Joseph, je n'ai plus d'espoir.

— Allons, allons, dit Wladimir, il ne faut pas vous laisser aller comme ça.* Venez boire quelque chose. Mais si, mais si! Ça vous remontera!

Il força mon père et ma mère à boire un petit verre d'eau-de-vie de marc qu'ils avalèrent héroïquement comme un remède, puis il apporta pour Paul et pour moi, de la crème de cacao,* tandis que la petite sœur buvait joyeusement une tasse de lait.

Nous repartîmes physiquement ragaillardis, mais dans un grand trouble d'esprit. Mon père, fortement échauffé par deux gorgées d'alcool, et sous l'influence du sac tyrolien, marchait d'un pas militaire, mais son regard était morne, dans son visage immobile.

Ma mère me parut légère comme un oiseau. Paul et moi nous traînions la petite sœur, dont les petits bras, un peu écartelés, nous retenaient dans le droit chemin. Il fallut faire l'immense détour, et pendant toute cette route, personne ne dit un seul mot.

Lili, dans son impatience, n'avait pu rester à son poste, au pied de La Treille. Il était venu à notre rencontre, et nous le trouvâmes à La Croix.

Il me serra la main, embrassa Paul, puis, tout rougissant il prit les paquets de ma mère. Il avait un air de fête, mais il parut subitement inquiet, et me demanda à voix basse:

— Qu'est-ce qu'il y a?

Je lui fis signe de se taire, et je ralentis le pas, pour nous laisser distancer par mon pere, qui marchait comme dans un rêve.

Alors, à mi-voix, je lui racontai la tragédie. Il ne parut pas y attacher une si grande importance, mais lorsque j'en arrivai au procès-verbal, il pâlit et s'arrêta, consterné.

— Il l'a écrit sur son carnet?

— Il a dit qu'il allait le faire, et sûrement, il l'a fait.

Il siffla entre ses dents, longuement. Le procès-verbal, pour les gens de mon village, c'était le déshonneur et la ruine. Un gendarme d'Aubagne avait été tué dans la colline, par un brave homme de paysan, parce qu'il allait lui faire un procès-verbal.

— Eh ben! dit Lili, navré. Hé ben!

Il se remit en marche, la tête basse. Et de temps à autre, il tournait vers moi un visage désolé.

Comme nous traversions le village, en passant devant la boîte aux lettres, il me dit soudain:

— Si on en parlait au facteur? Il doit le connaître, ce garde. Et puis, lui aussi il a un képi.

Dans son esprit, c'était le signe de la puissance, et il pensait qu'entre képis, les choses pouvaient peut-être s'arranger. Il ajouta:

— Moi, je lui en parlerai demain matin.

Nous arrivâmes enfin à La Bastide, qui nous attendait dans le crépuscule, sous le grand figuier plein de moineaux.

Nous aidâmes mon père à défaire tous les paquets. Il était sombre, et raclait sa gorge de temps en temps. Ma mère préparait en silence la bouillie de la petite sœur, pendant que Lili allumait le feu sous la marmite de la crémaillère.

Je sortis, pour regarder le jardin. Paul était déjà dans un olivier, et des cigales chantaient dans toutes ses poches, mais la beauté du soir me serra le cœur: de tant de joies que je m'étais promises, il ne restait rien.

Lili vint me rejoindre, et dit à voix basse: « Il faut que j'en parle à mon père. »

Je le vis partir, les mains dans les poches, à travers la vigne d'Orgnon.

*   *   *

Je rentrai dans la maison, et j'allumai la lampe à pétrole (le bec matador),* car personne n'y eût pensé. Mon père, malgré la chaleur, s'était assis devant le feu, et il regardait danser les flammes. La soupe bientôt se mit à bouillir, et l'omelette grésilla. Paul vint m'aider à mettre le couvert. Nous exécutâmes cette opération rituelle avec une grande application, pour montrer à nos parents que tout n'était pas perdu, mais nous ne parlions qu'à voix basse, comme s'il y avait un mort dans la maison.

Pendant le dîner, mon père se mit tout à coup à bavarder gaîment. Il nous décrivit la scène sur un ton plaisant, il fit un portrait comique du garde, de nos biens étalés sur l'herbe, et du chien qui avait eu grande envie de dévorer le saucisson. Paul fit de grands éclats de rire, mais je vis bien que mon père se forçait pour nous, et j'avais envie de pleurer.

Le dîner fut promptement expédié, et nous montâmes nous coucher.

Les parents étaient restés en bas, pour terminer la mise en place des provisions.

Mais je ne les entendis pas bouger: seulement un murmure de voix étouffées.

Au bout d'un quart d'heure, je vis que Paul s'était endormi: les pieds nus, je redescendis sans bruit l'escalier, et j'écoutai leur conversation.

— Joseph, tu exagères, tu es ridicule. On ne va tout de même pas te guillotiner.

— Certainement pas, disait mon père. Mais tu ne connais pas l'inspecteur d'Académie. Il transmettra le rapport au recteur, et ça pourrait aller jusqu'à la révocation.*

— Allons donc! il n'y a pas de quoi fouetter un chat.

— Peut-être, mais il y a certainement de quoi infliger un blâme à un instituteur. Et pour moi, un blâme équivaut à la révocation, car je démissionnerai. On ne reste pas dans l'Université* sous le poids d'un blâme.

— Comment? dit ma mère stupéfaite, tu renoncerais à ta retraite?*

On en parlait souvent, de la retraite, et comme d'une opération de haute magie, qui transforme un maître d'école en rentier. La retraite, c'était le grand mot, le maître-mot. Mais ce soir-là, il resta sans effet, et mon père haussa tristement les épaules.

— Mais alors, que feras-tu?

— Je n'en sais rien, mais je vais y penser.

— Tu pourrais être professeur libre.* Monsieur Vernet vit très bien en donnant des leçons.

— Oui, mais il n'a pas été blâmé, lui. Il a pris sa retraite proportionnelle après une carrière brillante... Tandis que moi! Si les parents de mes nouveaux élèves apprenaient que j'ai eu un blâme, ils me chasseraient aussitôt!

J'étais consterné par cette argumentation, qui me paraissait irréfutable. Qu'allait-il faire? Il le dit bientôt.

— Je vais aller voir Raspagnetto, qui a un gros commerce de pommes de terre. Nous étions à l'école ensemble. Un jour, il m'a dit: « Toi, tu étais fort pour le calcul. Et mes affaires sont devenues si importantes que j'aurais bien besoin d'un homme comme toi. » Lui, je pourrai lui expliquer la chose, et il ne me méprisera pas.

Je bénis aussitôt le nom de Raspagnetto. Je ne le connaissais pas, mais je le vis distinctement: un bon géant à moustaches noires, perdu — comme moi — dans ses multiplications, et remettant à mon père la clef d'un tiroir plein d'or.

— Les amis, dit ma mère, on ne peut pas toujours y compter.

— Je le sais. Mais Raspagnetto me doit beaucoup. Je lui ai soufflé le problème* au certificat d'études. Et puis, je veux te rassurer tout de suite. Je ne te l'avais jamais dit, mais j'ai des obligations de chemins de fer: j'en ai pour sept cent quatre-vingts francs. Elles sont dans l'atlas Vidal-Lablache.*

— Pas possible! dit ma mère; alors, tu m'as fait des mystères?

— Eh oui. C'était en cas de coup dur,* d'une opération, d'une maladie... Je l'ai fait dans une bonne intention! Je ne voudrais pas que tu croies...

— Ne t'excuse pas, dit-elle, parce que j'ai fait la même chose. Mais moi, je n'ai que deux cent dix francs. C'est tout ce que j'ai pu économiser sur les cinq francs que tu me donnes tous les matins.

Je fis aussitôt l'addition: 780 et 210, cela faisait 990 francs. Je pensais que j'avais sept francs dans ma tirelire, et je savais, malgré les cachotteries de Paul, qu'il possédait au moins quatre francs. Cela faisait donc mille et un francs.

Je fus aussitôt rassuré, et j'eus grande envie de m'avancer pour dire qu'on n'a pas besoin de chercher un emploi quand on possède plus de Mille francs.

Mais le marchand de sable venait de m'en lancer une bonne poignée. Je remontai l'escalier à quatre pattes, et je m'endormis aussitôt.

Le lendemain matin, je ne vis pas mon père: il était en ville. Je supposai qu'il était allé voir son ami des pommes de terre, dont j'avais oublié le nom. Ma mère, en mettant de l'ordre dans la maison, chantait.

Lili n'arriva que très tard, vers les neuf heures.

Il m'annonça qu'il avait tout dit à son père, qui avait déclaré:

— Ce garde, je le connais. C'est lui qui a dénoncé Mond des Parpaillouns à ceux de l'octroi, parce que Mond avait caché quatre grives dans son chapeau melon. Ils lui ont fait payer quatre francs. Si jamais il vient dans nos collines, il n'attendra pas bien longtemps le coup de fusil qu'on lui doit.

Cette nouvelle était réconfortante, mais ce coup de fusil viendrait trop tard.

— Est-ce que tu as parlé au facteur?

Lili parut gêné.

— Oui, dit-il. Et même il le savait déjà, parce qu'il a vu le garde ce matin.

— Où?

— Au château. Il est allé porter des lettres.

— Et qu'est-ce qu'il lui a dit?

— Tout.

Il fit un effort, pour ajouter:

— Il était en train d'écrire le Procès-Verbal.

C'était une terrible nouvelle.

— Alors, le facteur lui a dit de ne pas le faire, alors le garde lui a dit: « Je m'en priverai pas! »,* et alors le facteur lui a dit: « Pourquoi? », et alors le garde lui a dit que les instituteurs, ça va toujours en vacances, et alors le facteur lui a dit que ton père c'était celui des bartavelles, et alors le garde lui a dit « je m'en fous complètement »* et puis il a continué le procès-verbal, et le facteur a dit qu'on voyait bien qu'il se régalait.

Ce compte rendu me consterna.

Lili tira alors de sa besace deux belles saucisses roses, ce qui me surprit d'abord, mais il me renseigna aussitôt:

— C'est des saucisses empoisonnées. C'est mon père qui les fabrique pour mettre autour du poulailler, la nuit, à cause des renards. Si tu veux, ce soir, nous irons les lancer par-dessus le mur du château...

— Tu veux empoisonner son chien?

— Et peut-être lui, dit gentiment Lili. J'ai choisi les plus belles, pour que ça lui fasse envie. S'il en met un seul morceau dans sa bouche, il tombe raide comme la justice.*

C'était une idée délicieuse, et qui me fit rire de plaisir. Mais la mort du garde, qui ne serait effective que le surlendemain (si nous avions de la chance et s'il n'en avait pas), n'empêcherait pas le procès-verbal d'arriver à destination... Nous décidâmes cependant d'aller lancer le soir même les saucisses de la vengeance.

En attendant, nous allâmes poser nos pièges au vallon de Rapon, puis, jusqu'à midi, sur les arbres tordus d'un verger abandonné, nous cueillîmes des amandes vertes et des sorbes.

La première visite des pièges nous donna six cul-roussets, et un gros merle de Corse.

Sur la table de la cuisine, j'étalai les oiseaux, je vidai nos deux musettes, et je dis, comme en passant:

— Avec le gibier, les amandes, les sorbes, les asperges sauvages, les champignons, une famille pauvre pourrait vivre toute l'année.

Ma mère sourit tendrement, et vint poser un baiser sur mon front, en tenant ses bras écartés, car ses mains étaient pleines de mousse de savon.

— Ne sois pas inquiet, gros nigaud! dit-elle. Nous n'en sommes pas encore là.*

*   *   *

Lili déjeuna avec nous et fut installé — honneur suprême — à la place de mon père, qui ne devait rentrer que vers le soir.

Je parlai de la vie paysanne, et je déclarai que si j'étais mon père, je me ferais agriculteur. Lili — qui à mon avis en savait très long — célébra la fécondité et la sobriété du pois chiche, qui n'a pas besoin d'eau, ni de fumier, ni même de terre, et se nourrit de l'air du temps, puis la surprenante célérité du haricot hâtif.

— Tu fais un petit trou, tu places l'haricot au fond, tu le recouvres de terre, et tu pars en courant! Sans ça, il te rattrape.

Il ajouta, en regardant ma mère:

— Naturellement, c'est un peu exagéré: mais c'est pour dire* qu'il pousse vite.

A deux heures, nous repartîmes en expédition, accompagnés de Paul, spécialiste de l'extraction des escargots cachés dans les trous des vieux murs, ou des souches d'olivier. Nous travaillâmes sans arrêt, pendant trois heures, à entasser des provisions, pour faire face à la ruine prochaine. Nous repartîmes vers six heures, chargés d'amandes, d'escargots, de prunelles des bois, de belles prunes bleues volées chez maître Etienne, et d'une musette d'abricots presque mûrs, cueillis sur un très vieil arbre qui s'obstinait, depuis cinquante ans, à fleurir dans les ruines solitaires d'une ferme abandonnée.

Je me réjouissais de faire l'offrande de ce butin à ma mère, lorsque je vis qu'elle n'était pas seule; elle était assise sur la terrasse, en face de mon père, qui buvait à la régalade,* en tenant le coq de terre poreuse* au-dessus de son visage levé vers le ciel.

Je courus vers lui.

Il paraissait fourbu, et ses souliers étaient couverts de poussière. Il nous embrassa tendrement, caressa la joue de Lili, et prit la petite sœur sur ses genoux. Ensuite il parla à ma mère, comme si nous n'étions pas là.

— Je suis allé chez Bouzigue. Il n'y était pas. Je lui ai laissé un mot, pour lui annoncer la catastrophe. Ensuite, je suis allé à la clinique, j'y ai rencontré Wladimir. Le colonel a été opéré, les visites sont interdites. Dans quatre ou cinq jours, on pourra lui parler. Ce sera trop tard.

— Tu as vu l'inspecteur d'Académie?

— Non, dit mon père. Mais j'ai vu sa secrétaire.

— Tu lui as dit?

— Non. Elle a cru que je venais aux nouvelles et elle m'a annoncé que je passais en troisième classe.*

Il rit amèrement.

— Combien ça t'aurait fait de plus?

— Vingt-deux francs par mois.

A l'énormité de cette somme, ma mère fit une petite grimace, comme si elle allait pleurer.

— Et de plus, ajouta-t-il, de plus, elle m'a annoncé que j'allais avoir les palmes!*

— Voyons, Joseph, s'écria ma mère, on ne peut pas révoquer un fonctionnaire qui a les palmes académiques!

— On peut toujours, dit mon père, rayer de la promotion un fonctionnaire qui va être blâmé...

Il poussa un profond soupir, puis il alla s'asseoir sur une chaise, les mains sur les genoux et la tête basse. Le petit Paul se mit à pleurer tout haut.

A ce moment, Lili dit à voix basse:

— Qui c'est qui* vient là-bas?

Au bout du chemin blanc, en haut du Collet, je vis une silhouette sombre, qui descendait vers nous à grands pas.

Je criai:

— C'est monsieur Bouzigue!

Je m'élançai: Lili me suivit.

Nous rencontrâmes le piqueur à mi-chemin, mais je vis qu'il regardait derrière nous. Mon père et ma mère avaient couru sur nos talons. Bouzigue souriait. Il plongea la main dans sa poche.

— Té, dit-il, voilà pour vous!

Il tendit à mon père le carnet noir que le garde avait confisqué. Ma mère poussa un soupir qui était presque un cri.

— Il vous l'a donné? dit-elle.

— Pas donné! dit Bouzigue. Il l'a échangé contre le procès-verbal que je lui avais fait.

— Et son rapport? demanda mon père d'une voix un peu enrouée.

— Des confetti, dit Bouzigue. Il en avait écrit cinq pages. J'en ai fait une poignée de confetti, qui sont partis sur l'eau du canal... En ce moment, ajouta-t-il d'un air pensif, et comme si la chose avait une grande importance, ils doivent être du côté de Saint-Loup, et peut-être même à La Pomme... Par conséquent, allons boire un coup!

Il cligna de l'œil deux ou trois fois, mit ses poings sur ses hanches, et éclata de rire. Comme il était beau!... Alors, j'entendis deux mille cigales, et dans les éteules* enchantées, le premier grillon des vacances qui limait une barre d'argent.*

Nous n'avions pas de vin à la maison, et ma mère ne voulait pas toucher aux bouteilles sacrées de l'oncle Jules: mais elle conservait dans l'armoire de sa chambre une bouteille de pernod* à l'usage des visiteurs alcooliques.

Sous le figuier, Bouzigue se servit largement et nous raconta son entrevue avec l'ennemi.

— Dès que j'ai lu votre mot ce matin, je suis allé chercher du renfort: Binucci, qui est piqueur comme moi, et Fénestrelle, le fontainier: nous sommes allés au château. Quand j'ai voulu ouvrir la fameuse porte (ô bonne Mère, je te remercie!), j'ai vu qu'il n'avait pas enlevé la chaîne, ni le cadenje¹¹ Alors, nous avons fait le tour jusqu'à la grande grille, et j'ai sonné comme un sacristain. Au bout de peut-être cinq minutes, il est arrivé furieux.

— Dites, vous n'êtes pas fou de tirer comme ça sur la cloche? Surtout vous! Il me fait* en ouvrant la porte.

— Pourquoi moi?

— Parce qu'il y a une drôle d'affaire qui vous pend au nez,* et j'ai quatre mots à vous dire.

— Eh bien, vous parlerez après, parce que moi, ce que j'ai à vous dire, c'est tout juste deux mots. Et peut-être même ça n'en fait qu'un, parce qu'au milieu il y a un trait d'union. Et ce mot, c'est: Procès-Verbal.

Alors il a ouvert des yeux énormes. Oui, même l'autre, celui qui parpelège.*

— Allons d'abord sur les lieux, dit Fénestrelle. Il faut constater la chose, le faire avouer, saisir la chaîne et le cadenas.

— Quoi? cria le garde stupéfait.

— Criez pas, je lui dis. Vous nous faites peur!

Et nous entrons. Il me fait:

— Je vais vous en parler, moi, de ce cadenas!

— C'est vous qui l'avez posé?

— Oui, c'est moi. Et vous savez pourquoi?

— Non. Et je n'ai pas besoin de le savoir pour vous dresser procès-verbal.

— Article quatre-vingt-deux de la Convention, dit Fénestrelle.

Il regardait nos trois Casquettes, et il a commencé à avoir peur. Alors, Binucci dit, d'un ton conciliant:

— Quand même, ne vous effrayez pas. Ça ne va pas en correctionnelle. En simple police,* pas plus. Ça va chercher dans les deux cents francs d'amende.

Alors, je dis sèchement:

— Ça ira chercher ce que ça voudra. Moi, ce que je vais chercher,* c'est les pièces à conviction.

Et me voilà parti vers la porte du canal. Les autres me suivent, et le garde en boitillant.

Pendant que j'arrachais la chaîne, il était rouge comme un gratte-cul. Je sors un carnet, et je dis:

— Vos nom, prénoms, lieu de naissance.

Il me dit:

— Vous n'allez pas faire ça!

— Mais vous, dit Fénestrelle, pourquoi voulez-vous nous empêcher de passer?

— Ce n'est pas pour vous, dit le garde.

Je dis:

— Bien sûr, ce n'est pas pour ces messieurs, mais c'est pour moi! Je sais bien que ma tête ne vous revient pas! Eh bien, la vôtre ne me plaît pas non plus, et c'est pour ça que j'irai jusqu'au bout!

— Quel bout? il me fait.

— Vous avez voulu me faire perdre ma place; eh bien, tant pis si vous perdez la vôtre! Quand votre patron recevra les papiers de la Justice, quand il faudra qu'il aille au *Palais de Justice*, il comprendra peut-être qu'il vaut mieux changer de garde, et j'espère que le prochain sera plus civilisé que vous!

Mes amis, il était hagard. Je continue:

— Nom, prénoms, lieu de naissance.

— Mais, je vous jure que ce n'était pas pour vous! C'était pour prendre des gens qui traversent la propriété avec une fausse clef!

Alors, je prends un air terrible, et je fais:

— Ho ho! Une fausse clef? Binucci, tu entends ça? Une fausse clef!

— Tenez, la voilà!

Et il la sort de sa poche. Je la prends tout de suite, et je dis à Fénestrelle:

— Garde ça, nous ferons une enquête, parce que c'est une affaire qui regarde le Canal. Et ces gens-là vous les avez pris?

— Bien sûr, il me fait. Tenez, voilà le carnet que j'ai saisi sur cet individu, voilà mon rapport pour votre administration, et voilà mon procès-verbal!

Et il me donne votre carnet et deux rapports de plusieurs pages, où il racontait toute l'histoire.

Je commence à lire son gribouillage, et tout d'un coup, je lui fais:

— Malheureux! Pauvre malheureux! Dans un rapport officiel, vous avouez que vous avez mis une chaîne et un cadenas! Mais vous ne savez pas que sous le bon roi Louis XIV, on vous aurait envoyé aux galères?

Binucci dit:

— C'est pas un suicide, mais il ne s'en faut de guère!*

Le garde était minable. Ce n'était plus un gratte-cul, c'était un navet. Il me dit:

— Alors, qu'est-ce que vous allez faire?

Je hoche la tête plusieurs fois, en me mordant la lèvre. Je consulte Fénestrelle, puis Binucci, puis ma conscience. Il attendait, d'un air méchant, mais effrayé. Enfin je lui dis:

— Ecoutez: c'est la première fois, mais que ce soit la dernière... N'en parlons plus. Et vous, surtout n'en dites jamais rien à personne, si vous tenez à votre képi.

Là-dessus, je déchire ses rapports, et je mets le carnet dans ma poche, avec la chaîne et le cadenas. J'ai pensé qu'à la campagne, c'est des choses qui pourraient vous servir!

Et il posa son butin sur la table.

Nous étions tous au comble de la joie, et Bouzigue accepta de rester avec nous pour le dîner.

En dépliant sa serviette, il déclara:

— C'est une histoire enterrée.* Mais pourtant, il vaudrait peut-être mieux ne plus passer par là.

— Il n'en est plus question, dit mon père.

Ma mère, qui faisait glisser les petits oiseaux de la broche, dit à voix basse:

— Même si on nous donnait la permission, je n'aurais jamais le courage de revoir cet endroit. Je crois que je m'évanouirais.

Lili prit congé et ma mère l'embrassa: ses oreilles devinrent aussi rouges que la crête d'un coq, et il sortit très vite de la salle à manger: je dus courir après lui, pour lui dire que je l'attendais le lendemain matin, dès l'aurore: il me dit « oui » de la tête, et s'enfuit dans le soir d'été.

Le repas fut très gai. Comme ma mère s'excusait de ne pas lui offrir de vin, Bouzigue déclara:

— Ça ne fait rien. Je continuerai au pernod.

Mon père hasarda, un peu timidement:

— Je ne voudrais pas que tu croies que je regrette* cet alcool que tu vas boire. Mais je ne sais pas si, pour ta santé...

— La santé! s'exclama Bouzigue. Mais cher monsieur Joseph, c'est ça qui fait le moins de mal! Ici, vous buvez de l'eau de citerne. Savez-vous ce qu'il y a dedans?

— C'est de l'eau du ciel, dit mon père. De l'eau distillée par le soleil.

— Je vous fais le pari, dit Bouzigue, que dans votre citerne, je trouve une dizaine d'araignées noires, deux ou trois lézards, et au moins deux crapauds... L'eau de citerne, c'est de l'essence de pipi de crapaud! Tandis que le pernod, ça neutralise tout!

Mon père n'insista pas.

Pendant le dîner, il raconta longuement notre aventure, à quoi Bouzigue répondit par un nouveau récit de son exploit. Puis mon père ajouta de nouveaux détails, pour mettre en lumière la férocité que le garde avait montrée; à quoi Bouzigue répondit en accentuant la frayeur et l'humilité de ce malfaiteur, terrorisé par les Trois Casquettes. Quand ils en furent à la quatrième version de ces chants amœbées,* mon père nous révéla que le garde avait failli nous abattre sur place, et Bouzigue nous peignit le monstre se traînant à genoux, le visage couvert de larmes, et demandant « pardon » d'une voix d'enfant.

Après le flan de crème renversée,* les œufs à la neige,* et les biscuits, Bouzigue, l'air inspiré, commença le récit des exploits de sa sœur.

Il compara d'abord la vie à un torrent, qu'il faut franchir en sautant d'un rocher à l'autre, après avoir « bien calculé son élan ».

« Félicienne, », disait-il, « avait d'abord épousé un joueur de boules « professionnel », qui la quittait souvent pour aller triompher dans les concours, et c'est à cette occasion que j'appris le mot « cocu ».* De là, elle avait sauté sur le rocher suivant, qui avait la forme d'un chef* de dépôt des tramways, puis sur un papetier de la rue de Rome, puis sur un fleuriste de La Canebière,* qui était conseiller municipal,* puis enfin sur le conseiller général. Elle méditait en ce moment même un dernier bond, qui la porterait sur l'autre rive, dans les bras de Monsieur le Préfet.

Ma mère écouta avec intérêt le récit de cette traversée mais elle paraissait un peu surprise: elle dit tout à coup:

— Mais les hommes sont donc si bêtes?

— Ho ho! dit Bouzigue, ils ne sont pas bêtes du tout, seulement elle sait y faire!*

Il ajouta que d'ailleurs, « l'intelligence, ce n'était pas tout », et qu'elle « avait un drôle de balcon »,* et qu'il fallait le voir pour le croire! Il sortit alors son portefeuille pour nous montrer une photographie qu'il annonça comme étant « très chouette ».*

Paul et moi ouvrîmes nos yeux tout grands: mais au moment même où il produisait cet intéressant document, ma mère nous prit par la main, et nous conduisit dans notre chambre.

La richesse du repas, la joie que me causait la déroute du garde, et le mystère de cette photographie troublèrent mon premier sommeil. Je fis un rêve assez incohérent: une jeune femme, nue comme une statue, franchissait le canal d'un seul bond, et retombait sur un général qui ressemblait à mon père, et qui éclatait à grand bruit.

Je m'éveillai, un peu hagard, et j'entendis à travers le plancher la voix paternelle. Elle disait:

— Tu me permettras de regretter qu'en ce monde, le vice soit trop souvent récompensé!

La voix de Bouzigue, devenue étrangement nasillarde, lui répondait:

— Joseph, Joseph, tu m'escagasses...*

Le temps passe, et il fait tourner la roue de la vie comme l'eau celle des moulins.

Cinq ans plus tard, je marchais derrière une voiture noire, dont les roues étaient si hautes que je voyais les sabots des chevaux. J'étais vêtu de noir, et la main du petit Paul serrait la mienne de toutes ses forces. On emportait notre mère pour toujours.

De cette terrible journée, je n'ai pas d'autre souvenir, comme si mes quinze ans avaient refusé d'admettre la force d'un chagrin qui pouvait me tuer. Pendant des années, jusqu'à l'âge d'homme, nous n'avons jamais eu le courage de parler d'elle.

Puis, le petit Paul est devenu très grand. Il me dépassait de toute la tête, et il portait une barbe en collier,* une barbe de soie dorée. Dans les collines de l'Etoile, qu'il n'a jamais voulu quitter, il menait son troupeau de chèvres; le soir, il faisait des fromages dans des tamis de joncs tressés, puis sur le gravier des garrigues, il dormait, roulé dans son grand manteau: il fut le dernier chevrier de Virgile. Mais à trente ans, dans une clinique, il mourut. Sur la table de nuit, il y avait son harmonica.

Mon cher Lili ne l'accompagna pas avec moi au petit cimetière de La Treille, car il l'y attendait depuis des années, sous un carré d'immortelles: en 1917,* dans une noire forêt du Nord, une balle en plein front avait tranché sa jeune vie, et il était tombé sous la pluie, sur des touffes de plantes froides dont il ne savait pas les noms..

Telle est la vie des hommes. Quelques joies, très vite effacées par d'inoubliables chagrins.

Il n'est pas nécessaire de le dire aux enfants.

Encore dix ans, et je fondai à Marseille une société de films. Le succès couronna l'entreprise, et j'eus alors l'ambition de construire, sous le ciel de Provence, la « Cité du Cinéma »; un «marchand de biens »* se mit en campagne, à la recherche d'un « domaine » assez grand pour accueillir ce beau projet.

Il trouva mon affaire* pendant que j'étais à Paris, et c'est par le téléphone qu'il m'informa de sa découverte. Mais il m'apprit en même temps qu'il fallait conclure la vente en quelques heures, car il y avait d'autres acheteurs.

Son enthousiasme était grand, et je le savais honnête: j'achetai ce domaine sans l'avoir vu.

Huit jours plus tard, une petite caravane de voitures quitta les studios du Prado.* Elle emportait les hommes du son,* les opérateurs de la prise de vues,* les techniciens des laboratoires. Nous allions prendre possession de la terre promise, et pendant le voyage, tout le monde parlait à la fois.

Nous franchîmes une très haute grille, déjà ouverte à deux battants.

Au fond d'une allée de platanes centenaires, le cortège s'arrêta devant un château. Ce n'était pas un monument historique, mais l'immense demeure d'un grand bourgeois du Second Empire:* il avait dû être assez fier des quatre tours octogonales et des trente balcons de pierre sculptée qui ornaient chaque façade...

Nous descendîmes aussitôt vers les prairies, où j'avais l'intention de construire les studios.

J'y trouvai des hommes qui dépliaient des chaînes d'arpenteurs, d'autres qui plantaient des jalons peints en blanc, et je regardais orgueilleusement la naissance d'une grande entreprise, lorsque je vis au loin, en haut d'un remblai, une haie d'arbustes... Mon souffle 'sarrêta et sans en savoir la raison, je m'élançai dans une course folle à travers la prairie et le temps.

Oui, c'était là. C'était bien le canal de mon enfance, avec ses aubépines, ses clématites, ses églantiers chargés de fleurs blanches, ses ronciers qui cachaient leurs griffes sous les grosses mûres grenues...

Tout le long du sentier herbeux, l'eau coulait sans bruit, éternelle, et les sauterelles d'autrefois, comme des éclaboussures, jaillissaient en rond sous mes pas. Je refis lentement le chemin des vacances, et de chères ombres marchaient près de moi.

C'est quand je le vis à travers la haie, au-dessus des platanes lointains que je reconnus l'affreux château, celui de la peur, de la peur de ma mère.

J'espérai, pendant deux secondes, que j'allais rencontrer le garde et le chien. Mais vingt années avaient dévoré ma vengeance, car les méchants meurent aussi.

Je suivis la berge: c'était toujours « une passoire », mais le petit Paul n'était plus là pour en rire, avec ses belles dents de lait...

Une voix au loin m'appela: je me cachai derrière la haie, et j'avançai sans bruit, lentement, comme autrefois...

Je vis enfin le mur d'enceinte: par delà les tessons de la crête, le mois de juin dansait sur les collines bleues; mais au pied du mur, tout près du canal, il y avait l'horrible porte noire, celle qui n'avait pas voulu s'ouvrir sur les vacances, la porte du Père Humilié...

Dans un élan de rage aveugle, je pris à deux mains une très grosse pierre, et la levant d'abord au ciel, je la lançai vers les planches pourries qui s'effondrèrent sur le passé.

Il me sembla que je respirais mieux, que le mauvais charme était conjuré.

Mais dans les bras d'un églantier, sous des grappes de roses blanches et de l'autre côté du temps, il y avait depuis des années une très jeune femme brune qui serrait toujours sur son cœur fragile les roses rouges du colonel. Elle entendait les cris du garde, et le souffle rauque du chien. Blême, tremblante, et pour jamais inconsolable, elle ne savait pas qu'elle était chez son fils.

NOTES

(The marginal numbers refer to the pages of the text. Words and phrases adequately dealt with in Harrap's *Shorter French and English Dictionary* are not listed here.

Abbreviations: F: familiar, colloquial; P: popular, slang; Prov.: Provençal term; dial.: dialectal; lit.: literally. All references to Pagnol's *La Gloire de mon Père* are to the edition published in this series by Harrap (1962).)

17. l'épopée cynégétique des bartavelles: for this epic hunting exploit of the rock partridges and its sequel, see *La Gloire de mon Père*, pp. 105, 153–155, 164.

chien rapporteur: 'retriever.'

apeurées: 'scared,' 'nervous.'

barres: 'cliffs.' "Le paysage était fermé, à droite et à gauche, par deux à-pics de roches, que les Provençaux appellent des 'barres' " (*La Gloire de mon Père*, p. 70).

plan de l'Aigle: "Garlaban, c'est une énorme tour de roches bleues, plantée au bord du Plan de l'Aigle, cet immense plateau rocheux qui domine la verte vallée de l'Huveaune" (*La Gloire de mon Père*, p. 19). See map, p. 16.

y « faisait le poste » aux ortolans: 'was stationed there to catch ortolans.'

à grand renfort de: 'with a copious supply of.'

jas: dial. 'pen' (small enclosure for cattle).

le Taoumé: see *La Gloire de mon Père*, p. 74, and map, p. 16.

cades: *un cade*, 'cade,' is a kind of juniper with spreading branches and short, stiff, prickly leaves.

messugues: dial. 'rock-roses.'

18. l'à-pic: i.e. the steep edge of the plateau, *un à-pic* being a 'bluff,' 'sheer cliff.'

l'oreillard: 'Long-Ears' (lit. 'the long-eared one').

kermès: 'kermes-oaks,' 'dwarf oaks.' "Le chêne-kermès (*Quercus coccifera*) occupe de sa broussaille naine les sols pierreux et rocailleux de la région méditerranéenne; son nom patois, *garoulia*, en Languedoc, d'où on fait *garrigue*, sert à désigner les espaces déboisés et broussailleux où il domine habituellement avec les cistes" (E. de Martonne, *Traite de Géographie physique*).

argéras: dial. 'needle-gorse.'

le « coup du roi »: this 'King's shot' is again a reference to the *bartavelle* exploit; see *La Gloire de mon Père*, p. 167.

pour « tirer en cul »: 'in taking pot-shots at the backsides of.'

19. a lancé une compagnie: 'flushed (*or* put up) a covey.'

20. Baume: Prov. 'grotto.'

fraîche: 'young.'

bédouïde: 'skylark'; a dial. word explained later (p. 22) as a "genre d'alouette."

21. Où c'est que tu prends: F. for *Où est-ce que tu prends* or *Où prends-tu*.

« aludes »: dial. 'winged ants.'

Qui tu es?: F. for *Qui es-tu?*

C'est pas toi, Marcel?: 'Aren't you Marcel?'. The omission of *ne* is frequent in colloquial speech and will not be referred to again in in these notes whenever it occurs in the text.

qui vous . . . meubles: 'who carried your furniture up.' See *La Gloire de mon Père*, p. 62.

Ça fait . . . toi: 'That's how he came to talk to me about you.'

le calibre douze: 'the twelve-bore' with which Marcel's father had brought down the *bartavelles*; see *La Gloire de mon Père*, p. 110.

22. tu as: F. for *as-tu*.

Il faut . . . perdreaux: 'I've got to flush the partridges for them.'

la grosse lièvre: Lili thinks *lièvre* is feminine (see also p. 24).

une nappe de crottes: 'a layer of droppings.'

les Français: i.e. those who are not *Provençaux*.

« darnagas »: dial. 'butcher-birds', a species of shrike. The form *darnagasse* is also found, and in Provençal the word, applied to a person, means 'fool' or 'fathead'—hence Lili's description of the bird as *un oiseau imbécile*.

disent . . . dit: this is a local use of *dire*, 'to call.'

encore un couillon de limbert: P. 'another clot of a lizard.'

lunules: 'lunulae,' 'lunules' (i.e. crescent-shaped markings).

23. froides: 'cold-blooded.'

agasse: (or *agace*) dial. 'magpie.' The word was used by La Fontaine in *L'aigle e la pie* (XII, ii).

la fadade: 'the fool'; fem. of *fada*, 'ninny,' 'simpleton.' *Fada* is also used as an adjective, 'crazy.'

Comanche: 'Comanche'; the Comanches were a tribe of North American Indians.

24. **cheminée:** 'chimney'; a mountaineering term denoting a narrow, vertical cleft by which a rock-face or a cliff may be climbed.
 Le douze: 'The twelve-bore'; see note to p. 21.

25. **pour qu'il reste sur place:** 'to bring him to a standstill.'
 pour Pâques: = *à Pâques.*
 Le tout: 'The main thing.'
 le tableau de chasse: 'the bag' (i.e. the quantity of game secured after a shoot).

26. **c'est le bien des gens:** 'belong to the people.'
 Détrompez-vous: 'Don't you believe it.'
 tables rocheuses: 'bedrock.'

27. **ça ne se dit pas!:** 'is something you don't tell about!'

28. **le papet:** dial. 'grandpa.'
 O Bonne Mère!: 'Holy Mother (of God)!'; a frequent local exclamation and invocation to the Virgin Mary.

29. **Aubagne:** in the Bouches-du-Rhône *département*; east of Marseilles and on the river Huveaune. Pagnol's birthplace. See map.

30. **cul-rousset:** 'redstart' (kind of warbler).
 baouco: Prov. a kind of 'couch-grass.'
 « tendue »: 'sets' (i.e. snares, traps).

31. **Minerve:** 'Minerva,' Roman goddess of wisdom.

32. **pèbre d'aï:** Prov. a kind of 'wild thyme,' akin to *serpolet.* The French equivalent is *sarriette.*
 salades: 'lettuce.'
 pieds de vigne: 'vine-stocks.'
 Gour: 'swallow-hole.' Prov. for the deep part of a watercourse or torrent. The forms *gourd* and *gourg* are also found.
 chandelle: 'pillar.'

33. **de verre:** 'crystal.'
 141e: i.e. the 141st Infantry Regiment.
 Magic-City: this was a Marseilles amusement park or fun fair, modelled on the now defunct Magic-City in Paris.
 quelques mots de ma collection: see *La Gloire de mon Père*, pp. 94–95: "J'avais la passion des mots; en secret, sur un petit carnet, j'en faisais une collection, comme d'autres font pour les timbres . . ."
 calligraphié: 'beautifully written.'

34. **qui s'allongeait avec les mots:** 'which increased in proportion to the length of the words.'
35. **ouverture:** i.e. the first (or opening) day of the shooting season (normally the first Sunday in September).

    démourir: 'unkill'. The verb, of course, is Paul's ingenious invention.
36. **cigales:** the *cigale*, 'cicada,' with its characteristic 'chirp', is a transparent-winged insect emblematic of the Midi.

    de la bourre de « gratte-cul »: 'the fluffy part of a hip.' The name *gratte-cul* is F. and very expressive (lit. 'bottom-itcher').

    il s'en était fort bien trouvé: 'he had thrived on it.'
37. **magistrale:** *magistral* is used familiarly with the force of 'first rate'— e.g. *une correction magistrale*, 'a sound thrashing.'
38. **blouson:** short, loose jacket.
39. **quelques sayres:** 'some fieldfare.' *Sayre* is defined on p. 60.

    oliveraie: or *olivaie*, 'olive plantation,' 'olive grove.' The form *olivette* is also very common in Provence, Corsica and North Africa.

    garrigue: 'wasteland,' 'moorland,' 'scrub' (in Provence and Languedoc.). The spelling *garigue* is also found. "On donne le nom de garrigue . . . à la végétation constituée par de la broussaille formée de buissons épars et de taches herbacées desséchées en été, qui couvre les terrains arides et plus ou moins rocailleux à sous-sol calcaire de la région méditerranéenne" (E. de Martonne, *Traité de Géographie physique*). See also note to *kermès*, p. 18.

    aspic: 'lavender.'

    passage: 'migration' (of the birds).
40. **Fichte:** Johann Gottlieb Fichte (1762-1814), German philosopher.
41. **terrasse:** 'shelf.'

    le plateau terminal: 'the flat mountain top.'

    barre: see note to p. 17.

    désertiques: 'barren.'
42. **tu jures croix de bois, croix de fer:** compare the formula "Cross my heart" used by English children when they swear that they are telling the truth.
43. **Tu penses!:** 'You bet (it is)!'
44. **pételin:** 'terebinth'; see p. 30.

    couillon: 'damn silly'; see note to p. 22.

    Du bout des lèvres: i.e. hardly moving his lips.
45. **dans un souffle:** 'under my breath.'

46. **elle n'était pas homogène:** 'it was patchy.'
    fut formel: 'brought positive proof.'
47. **écharpes:** 'wreaths.'
48. **nous allons tomber au bord:** 'we'll hit the edge.'
    en V: 'in V-formation.'
49. **Ça ne risquait rien:** 'There was no risk of that.'
    gratte-culs: 'rose hips.' See note to p. 36. The plural form *gratte-cu* is also found.
    costume à col de marin: 'sailor-suit.'
50. **Allez, au revoir, la compagnie!:** 'Well, good-bye all!'
51. **gros bêta:** 'you big silly (*or* baby).'
52. **tu vas . . . Bourses:** 'you'll be sitting for your scholarship.'
    prix d'excellence: 'class prize'.
    La Barasse: in the eastern *banlieue* of Marseilles (see map).
53. **La Toussaint:** All Saints' Day (November 1st). This is a public holiday in France, and schools now have four or five days off (a break roughly corresponding to the English half-term).
    Entre: 'What with . . .'
    cageots: 'hampers,' 'crates.'
54. **chasse gardée:** 'game reserve,' 'shoot.'
    Parfaitement: is used to emphasize a statement or an answer: 'He really has.'
55. **pregadious:** *pregadiou* is dial. for *mante religieuse*, 'praying mantis.' See *La Gloire de mon Père*, pp. 87–90.
57. **Aprrès . . . rrentrrer:** the speaker is obviously Uncle Jules: "sa langue roulait les R comme un ruisseau roule des graviers" (*La Gloire de mon Père*, p. 42).
    qu'est-ce qu'il en faisait: 'didn't they mean anything to him?'
    provençales: 'huge white clouds.'
58. **les Basses-Alpes:** one of the *départements* of Provence.
    l'incontrôlable mal au cœur: 'the unverifiable sick feeling.'
    à la caserne: i.e. to avoid having to do his military service.
    « toute bâtie »: 'in a plaster cast.'
59. **a l'air de s'arranger:** 'looks like clearing up.'
    gilet: i.e. *gilet de corps*, 'singlet.'
    Blanche-Neige: 'Snow White.'
    fagotait: F. 'was togging up.'
60. **« litorne »:** 'fieldfare,' a species of thrush.

61. **biasses:** 'sacks' (made of holland, i.e. unbleached linen).
    l'autre lundi: 'the Monday after.'
    Il ne faut pas te tourner les sangs: 'You mustn't fret (*or* take on)
    so!' Similar expressions are: *se faire du mauvais sang*; *se manger* (or
    se ronger) *le(s) sang(s)*.
    que son amitié: 'except words of friendship.'
62. **il va se faire un brave mauvais sang!:** 'he'll worry himself sick!'
    A Prov. use of *brave*; cp. "Il . . . jugea qu'il [le braconnier] avait
    un 'brave toupet' " (Marcel Pagnol, *Jean de Florette*, p. 41).
    où c'est que tu vas chercher ta vie?: 'how are you going to live?'
63. **rapetisser:** 'shrink.'
    les boyaux dévidés du pauvre manchot: for the episode concern-
    ing Malbousquet, the unfortunate one-armed wood-cutter, se *La
    Gloire de mon Père*, pp. 106–107.
64. **pleines:** i.e. big with young, 'in kid.'
    comme quoi: 'to show how.' *Comme quoi* is an old construction,
    still common in familiar style; compare the vulgar English 'as how.'
    « tordres »: 'thrushes.'
66. **M. Fallières:** Armand Fallières (1841–1931), French politician;
    president of the Sénat in 1899 and of the Republic from 1906 to 1913.
67. **indolore:** 'painless.'
    lettre: Marcel was justifiably proud of his *anticonstitutionnellement*
    (see p. 33), but his spelling in this *lettre d'adieu* was not quite on the
    same level: *hermitte* for *ermite*, *avan ure* for *aventure*, *affollez* for
    affolez, *serais* for *serai*, *tempettes* for *tempêtes*.
    cachets d'Aspirine des Usines du Rhône: a well-known brand of
    aspirin tablets.
68. **réformés:** 'scrapped.'
69. **les palmes académiques:** a decoration awarded by the *Ministère de
    l'instruction publique* (now termed the *Ministère de l'Education nationale*)
    in recognition of services rendered in the field of education . In 1955
    the *palmes académiques* and the *rosette de l'Instruction publique* were
    replaced by *l'Ordre des Palmes académiques* with its three classes of
    chevalier, *officier* and *commandeur*.
71. **Il s'en est fallu de guère . . . appeler:** 'I very nearly didn't
    come to call you.' In this construction *peu* is more frequent than
    guère.
72. **barrit:** from *barrir*, 'to trumpet.'
73. **Comment elle était?:** F. *Comment était-elle . . .?*

74. **ne viens pas me casser les pieds:** P. 'don't come and pester me.'
Un casse-pieds is said of someone who is 'a crashing bore,' 'a pain in the neck.'

je te fous: 'I'll land you.' *Foutre* in this use is P: for *ficher*, which is itself F: for *donner*.

75. **l'obscurantise:** in his efforts to use his father's vocabulary, Marcel makes a brave effort at *obscurantisme*. We might render by some such form as 'obscurantity.'

. . . c'est radical: 'the sign of the cross never fails (*or* is a sure cure)'.

capricorne: 'capricorn beetle.'

76. **Qu'est-ce qu'il te prend?:** 'What's come over you?' *Qu'est-ce qui te prend* is also used.

Libou: Lili's version of *Le hibou*; similarly *Le grosibou = Le gros hibou* and *Deux grosibous = Deux gros hiboux.*

77. **aurais:** conditional used in a tentative question: 'You wouldn't be scared, by any chance?'

Mais la nuit . . . affaire: 'But at night he's in his element.'

pointu-pointu: 'to a very fine point.'

78. **sableux:** compare *avoir du sable dans les yeux*, 'to be sleepy'; *le marchand de sable a passé*, 'The sandman has gone by'.

79. **graffigner:** or *grafigner*, dial. 'to scratch.'

Mond de Parpaillouns: i.e. Edmond des Papillons, an old poacher mentioned in *La Gloire de mon Père*, p. 106.

80. **Font:** Prov. = *fontaine*, 'spring,' 'pool.'

pans: = *empans*, 'spans.'

81. **couillon:** see note to p. 44.

micropes: i.e. *microbes*. "Il faut dire qu'à cette époque, les microbes étaient tout neufs, puisque le grand Pasteur venait à peine de les inventer, et elle [ma mère] les imaginait comme de très petits tigres, prêts à nous dévorer par l'intérieur" (*La Gloire de mon Père*, p. 52).

il a plus de septante: 'he's over seventy.' The archaic forms *septante* and *nonante* still survive in Provence, Belgium and French Switzerland; *octante* is also found occasionally in Switzerland.

C'est raté, et c'est bien raté: 'It's a flop, a complete flop.'

82. **mon cœur se serra:** 'my heart sank.'

83. **le trou de la lune:** i.e. the hole in the shutter through which the moonlight could be seen.

85. **certificat d'études:** under the Third Republic the normal sequence

of studies in the French primary system of education, centred round the *école communale*, was as follows: the *école maternelle* (ages 4 to 6) was followed by the *école primaire* (ages 7 to 12), where, after the *cours préparatoire*, the *cours élémentaire*, the *cours moyen* and the *cours supérieur*, the *certificat d'études primaires* was attempted. A successful candidate could then proceed to the three-year *cours complémentaire*, at the end of which came the examination for the *brevet élémentaire*. Those who stayed on for a fourth year and wished to enter the teaching profession could prepare for admission to an *École Normale primaire*, at which a three-year course, taken in three stages, led to the *brevet supérieur*. With this teacher's certificate, a successful candidate became an *instituteur public*.

la pierre de la musique: i.e. *la Chantepierre* mentioned on p. 32.

86. **la reine Brunehaut:** 'Queen Brunhilda,' queen of Austrasia. After a life of extraordinary adventures, she was captured by Clotaire II, son of Frédégonde, who in 613 had her bound to a wild horse which dragged her to her death.

87. **une brigade de la police judiciaire:** = 'a C.I.D. (i.e. Criminal Investigation Department) squad.' In familiar style the *police judiciaire* is referred to as the *P.J.*

jeudi: in French schools there are no classes on Thursdays.

au fil des ans: 'with the passing of the years.' *Fil* here = *fil de l'eau*, 'current.'

analyses logiques: 'sentence analysis'; *analyse(s) grammaticale(s)* is 'parsing' (see p. 90).

88. **les P.T.T.:** 'the postal service'; abbreviation for *Postes, Télégraphes et Téléphones* = The General Post Office (G.P.O.).

sous-préfectures: each *département* in France is under a *préfet*, responsible for the civil administration. A *département* is divided into *sous-préfectures*, each of which is under a *sous-préfet*.—Until recent years, pupils in the *classes primaires* had to learn by heart all the French *préfectures* and *sous-préfectures*, and in spite of what Pagnol says there are still many grown-ups whose memory still retains these *litanies*.

« **Courbe la tête, fier Sicambre!** »: 'Bow your head (i.e. to receive baptism), proud Sicambrian!'; a remark addressed by Saint Remigius to Clovis I, king of the Sicambrians (one of the tribes of the Salian Franks), when he converted him to Christianity.

la plaisante farce de Rollon: the story goes that Rollo, chief of the Normans and first duke of Normandy (10th century), had to kiss the foot of Charles le Simple, King of France, but in so doing he raised the king's foot to his lips and tumbled the king from his throne.

La Balue: Jean, Cardinal de la Balue (1421–1491) was imprisoned (1469–1480) in an iron cage by Louis XI for conspiring with Charles the Bold.

la retraite de Russie: i.e. Napoleon's disastrous retreat from Moscow.

bouton de guêtre . . . la guerre de 70: an allusion to the speech made by the Minister for War, Marshal Leboeuf (1809–1888), in which he claimed, on the eve of the Franco–Prussian War (1870), that even if the war lasted a year the French army was ready in every detail, and that *il ne manquerait pas un bouton de guêtre.*

89. **Comment allez-vous yau de poêle:** the pointless schoolboy pun —which poor Paul mangled—takes the form of the greeting *Comment vas-tuyau de poêle?*

90. **je mets:** = *je mets*; the reader can amuse himself by correcting Lili's innumerable spelling and grammatical mistakes.

   je me langui . . .: = *Il me tarde que tu viennes.*

   tant bien: = *aussi bien,* 'as well.'

   saire gavotte: i.e. *sayres gavottes,* 'Alpine fieldfare.'

91. **escagasé:** = *escagassé,* Prov. 'blasted,' 'shattered.'

   Adessias: Prov. for *Adieu.*

   moi aussi: i.e. 'and I know him.'

92. **ajourée . . . bords:** 'edged with lacework.'

   plume: not 'pen' but 'nib.'

   Petit Larousse: the well-known *dictionnaire encyclopédique,* based on the encyclopaedia originally compiled by Pierre Larousse (1817–1875).

94. **Rois Fainéants:** 'Sluggard Kings,' a name given to the later Merovingian Kings, who were mere figureheads and delegated all their authority to the *maires du palais* (the heads of the royal household).

   à toute mèche: formed on the model of such phrases as *à toute vitesse, a toute allure, à toute vapeur,* etc.

   Parce que: 'Because there isn't.' F. elliptical use.

95. **pompeur:** 'bibber,' 'tippler'; from *pomper,* F. 'to tipple,' 'to swizzle.'

   bavoter: 'to drool,' 'to gurgle'; a diminutive from *baver.*

   chasseresses: 'of the sportsman.'

96. **agrandie:** i.e. it looked bigger because there were so few pupils left.

   ensacha: 'enveloped.'

la Bastide Neuve: see *La Gloire de mon Père*, pp. 78 and 83. In Provence, *bastide* = a kind of farmhouse.

sac tyrolien: 'rucksack'

une galéjade: 'a bit of an exaggeration.' *Galéjade* is F. for a 'far-fetched tale'; the people of the Midi have the reputation of telling 'tall stories.' See Daudet's *Tartarin de Tarascon*.

98. **sourdes:** 'sound-killing,' 'muffling.'

plaisant: here has its older meaning of 'pleasant' and not its more usual modern sense of 'funny,' 'amusing.'

poire: i.e. pear-shaped bulb or switch.

larmeuses: "de petits lézards gris" (*La Gloire de mon Père*, p. 66).

99. **strates:** 'strata,' 'layers.'

100. **« des treize desserts »:** an old Provençal custom of having at a Christmas dinner thirteen kinds of dessert, such as oranges, dates, nuts, raisins, etc.

101. **à ressort:** 'clockwork.'

pistolet à bouchon: 'pop-gun.'

on l'aurait pris sous un chapeau: i.e. one could have caught him under a hat, in the same way as one can catch a moth hypnotized by the light.

à quatre tours: i.e. wound four times round his neck.

vin cuit: *vin cuit* is a wine "qu'on obtient en faisant évaporer une partie du moût ('must') jusqu'à consistance sirupeuse" (P. Robert, *Dictionnaire alphabétique et analogique de la langue française*).

102. **doigts:** 'thimblefuls.'

déshabillais: 'was unwrapping' (i.e. taking off the silver paper).

je l'ai supplié . . . la Foi: for Joseph's agnosticism, see *La Gloire mon Père*, p. 43.

103. **d'un coup de glotte:** 'in one gulp.'

il avait un peu « forcé » sur: 'he had indulged a little too freely in.'

connaissait mal: i.e. he was unaware of its strength.

Tarascon: in the Bouches-du-Rhône *département*; situated on the left bank of the Rhône between Avignon and Arles.

104. **sujet d'élite:** 'a boy of outstanding merit.'

en permission extraordinaire: = 'on compassionate leave.'

au premier tiers: 'when he was only a third of the way through.'

105. **hypersomnie:** 'hypersomnia' (i.e. sleep of excessive depth or duration).

« galavards »: Prov. 'guzzlers,' 'greedy-guts.'

106. **jeu de l'oie:** 'the game of goose,' akin to the game of snakes and

ladders. "Jeu qui consiste en un tableau formé de cases numérotées où des oies sont figurées toutes les neuf cases et sur lequel chaque joueur avance son pion d'après le nombre obtenu en lançant deux dés. Déjà connu des Grecs, le jeu de l'oie, en faveur au XVIIIe siècle, est maintenant un jeu d'enfants" (Robert).

108. école publique: 'state school' (as opposed to *école privée* or *école libre*).

109. « un amour »: 'a dear,' 'a darling.'

110. à T: 'T-shaped.'
qui devient faible des reins: 'that's getting wobbly (*or* rickety).'
crevé: 'dead'; see note to p. 133.

111. ce n'est pas le bagne: 'it's not what you might call "hard labour".'
brave: 'a decent chap.'
Allez, zou: 'come on now, look sharp.' Both this and *Allez oust(e)!* are popular expressions which can also mean 'Hop it!', 'Scram!', 'Clear off!,' 'Scoot!'

112. où c'est que: F. = *où est-ce que*.

113. mariée (de la main gauche): 'married (in a left-handed way).' A 'left-handed marriage' is a morganatic marriage (from the custom in Germany by which the bridegroom gave the bride his left hand in such a marriage). In familiar speech the expression is said of a couple living together as man and wife without being married.
conseiller général: councillor of a *département*, a *conseiller municipal* being a 'town councillor.'

114. cystes: 'rock-roses,' a kind of shrub.
Où ça?: *ça* is often added to an interrogative or an exclamation in order, as it were, to give a little more 'body' to it.

115. on va sonner les cloches à l'entrepreneur: 'the contractor won't half get a ticking-off.' *Sonner les cloches à quelqu'un* is P. for 'to bawl someone out,' 'to give someone hell.' Similarly *Il va se faire sonner (les cloches)!* 'He'll catch it!', 'He'll have hell to pay!'
Les leçons de l'école normale: see note to p. 85. During the early generations of the Third Republic the state teachers' training colleges were the fountain-head of much Socialism and anti-clerical Republican Radicalism.
Du Guesclin: Bertrand du Guesclin, famous French captain (XIVth century), who fought bravely and successfully against the English.
Bayard: Pierre du Terrail, seigneur de Bayard (c.1473–1524), another famous French captain, known as the *Chevalier sans peur et sans reproche*.

La Tour d'Auvergne: French soldier (1743–1800) renowned for his patriotism and almost legendary courage during the wars of the Revolution. He is known to posterity as the *premier grenadier de la République*, a title which he refused when it was offered to him by Bonaparte in 1800.

le chevalier d'Assas: Louis, chevalier d'Assas (1733–1760), captain in the *régiment d'Auvergne* and famous for his bravery during the night of October 15, 1760 when, captured by the Hanoverians while he was reconnoitring, and threatened with death if he gave the alarm to his men, he cried out: "*A moi, Auvergne, ce sont les ennemis!*" and fell mortally wounded.

Henri IV: King of France from 1593 to 1610. A famous picture by Ingres (1780–1867), *Henri IV jouant avec ses enfants*, is based on the story that while the King, on all fours, was playing with his children, the Spanish ambassador entered and when he showed his surprise, the King said to him: "Avez-vous des enfants, Monsieur l'ambassadeur? — Oui, sire. — En ce cas, je puis achever le tour de la chambre."

116. **la guerre de septante:** i.e. the Franco–Prussian War of 1870. For *septante*, see note to p. 81.

117. **saoul comme la Pologne:** or *saoul comme un Polonais*, 'as drunk as a lord.'

119. **Qu'allait faire mon père?:** for Joseph's attitude towards "l'Alcool", see *La Gloire de mon Père*, p. 23.

120. **malicieux:** 'mischievous,' 'sly.'

Pour quoi faire?: 'What for?'

Je vois d'ici la tête . . .: 'I can just imagine the face . . . would make.'

Inspecteur d'Académie: for purposes of educational administration France is divided into regions called *académies*, in each of which there is a university which provides higher education. At the head of each university there is a *recteur* who is also *recteur de l'Académie*, and as such is responsible for all public instruction within the region. In each *département* there are *inspecteurs d'Académie* chosen by the *ministre*, and one of their functions is to recommend *instituteurs* for appointment. In 1962 three new academies were created (Nantes, Orléans and Reims), involving certain regional modifications.

Oyayaie!: a F. interjection roughly corresponding to *Oh là là!* 'Goodness gracious me!'

121. correctionnelle: F. for *tribunal de police correctionnelle*, a court which judges more important cases than those dealt with by a *tribunal de simple police* (see note to p. 163).

122. coincé: 'pinched,' 'nabbed,' 'run in.'

J'ai dit ça comme ça: 'I just said what I thought,' 'I merely expressed an opinion.'

Un peu vous, un peu ma sœur: 'Between (*or* What with) you and my sister.'

124. Vauban: Sébastien le Prestre de Vauban (1633–1707), a marshal of France under Louis XIV and a great military engineer. He directed many sieges and fortified the frontiers of France.

recettes: i.e. *recettes de métier*, 'tricks of the trade,' 'wrinkles.'

choléra morbus: 'Asiatic (*or* malignant) cholera.'

127. un diable qui sort de sa boîte: 'a Jack-in-the-box'; *diable = diable à ressort.*

je bombais . . . élargie: 'my chest—although my ribs still showed when I stuck it out—was now broader.'

le mètre: = *le mètre à ruban*, 'tape-measure.'

tenorino: 'tenorino,' 'falsetto tenor.'

Si j'étais . . . pareille: aria from *Le Grand Mogol*, an operetta by Audran (1842–1901).

Souviens-toi . . . Seigneur: aria from Gounod's *Faust*.

128. lessive: 'washing (soda and potash) crystals.'

figé: i.e. *figé sur place*, 'nailed (*or* rooted) to the spot,' 'petrified.'

129. C'est-à-dire: 'The fact is . . .'

cabanon: (in Provence) '(summer) cottage'; usually fairly primitive and intended only for temporary occupation.

tendre: 'tender-hearted.'

130. fraîcheur: 'natural spontaneity.'

pommes reinettes: 'rennets,' 'pippins.' The more usual form is *des pommes de reinette* or *des reinettes*. The spelling *rainettes* is also found.

131. en esquissant une révérence de petite fille: 'making a vague girlish curtsey.'

lampe tempête: 'hurricane-lamp.' See *La Gloire de mon Père*, p. 84, for a description of it.

au Premier Cuirassier: 'of the First Cuirassiers' (*régiment* understood).

Reichshoffen: scene of a battle during the Franco–Prussian War in which the French were defeated in spite of a memorable and glorious charge by the Cuirassiers.

132. **y figurait en bonne place;** 'occupied an honourable place in it.'

133. **Ne vous en faites pas:** P. 'Don't worry.'

    crever: this verb, with the meaning of 'to die', is usually said of animals, but in P. speech can be applied to human beings, 'to snuff it,' 'to peg out.'

134. **ça se passera à coups de fusil!:** 'there'll be some shooting!'

    bon comme le bon pain: 'as good as gold,' 'goodness itself.' One also finds *bon comme du (bon) pain*; *bon comme le pain*; *bon comme du pain bénit*.

    complice: 'knowing,' 'conspiratorial.'

135. **Vichy:** noted for its thermal springs and medical waters.

136. **Ça va me passer:** 'I'll get over it.'

137. **cabotinage:** 'histrionics.'

    cravate à ganse: a kind of oversized bow-tie.

    je me tirai fort bien d'affaire: 'I put up a very creditable show.'

    elle se traduisit par un tollé général: 'it found expression in a general outcry.'

138. **brevet élémentaire:** see note to p. 85.

    rédacteur: 'setter' (i.e. of the problem).

    un bon esprit ne pouvait s'y retrouver: 'no sensible person could make head or tail of it.'

    « de chez nous »: 'from our side.'

    décapitée: 'deprived of its leader.'

    meneur de jeu: 'moving spirit.'

    le Roussillon: le Roussillon is an old province (capital Perpignan) which was united to the crown of France in 1659 and now forms the *département* of the Pyrénées-Orientales. It is famous for its wines. "L'oncle Jules était né au milieu des vignes, dans ce Roussillon doré où tant de gens roulent tant de barriques" (*La Gloire de mon Père*, p. 42).

    « L'enfant de vieux »: 'The child of old parents.' See *La Gloire de mon Père*, pp. 46–47.

139. **la prononciation des r:** see note to p. 57.

140. **la dernière main:** 'the finishing touches.'

141. **En fermant les yeux . . .:** aria sung by Des Grieux in Massenet's *Manon*.

    notre ami le brocanteur: see *La Gloire de mon Père*, p. 54 ff.

    filet: i.e. *filet à provisions*, 'string-bag.'

    des herbes de la Saint-Jean: 'Saint John's wort' (= *mille-pertuis*), used for medicinal purposes.

142. **en relief:** 'bulging.'
    En deux temps: 'In two stages.'
    employé: i.e. the tram conductor.
143. **piqua:** 'broke into.'
    revigorés: 'refreshed,' 'with fresh vigour.'
    brochettes: 'spitfuls.' A *brochette* is a number of birds cooked on the same 'skewer' or 'small spit.'
    prendre: 'put on'; as in *prendre du poids.*
    Allons, ouste!: see note to p. 111.
144. **Sioux:** member of a North American Indian tribe.
145. **graillonneuse:** 'phlegmy'; from *graillonner*, 'to hawk (*or* bring) up phlegm.'
146. **queue de vache:** 'off-brown colour.'
    anchois: fleshy excrescences in the shape of anchovies.
147. **Vous pensez bien que non:** 'Of course I haven't.'
148. **les primes d'un tir forain:** 'the prizes of a fairground shooting gallery.'
    comptable: 'recorder.'
149. **pétoire:** 'fire-arm'; lit. 'pop-gun.'
    qui ne se méfierait pas: 'who wasn't on his guard,' 'unsuspecting.' This is an example of the use of the conditional in an adjectival clause to express an imaginary or hypothetical happening.
    Baudelaire: Charles Baudelaire (1821–1867), French poet, whose chief work is *Les Fleurs du Mal* (1857).
    qu'il avait dû en porter: the *en = des cornes*. *Porter des cornes* is said of a husband who is deceived by his wife; there was an old belief that a cuckold wore horns on his brow.
150. **fut vite rappelée:** i.e. *rappelée à la vie*, 'was soon brought round.'
    sels d'Angleterre: 'smelling salts.'
    roncier: 'thick bramble bush.'
153. **Canasson:** in P. speech *un canasson* is a 'broken-down horse,' an 'old hack.'
    baron d'Agneau: the nearest and most obvious equivalent in English to render the joke would be 'Baron of Beef.'
    vous laisser aller comme ça: 'take on so.'
    de la crème de cacao: 'cocoa liqueur'; a sweet and syrupy liqueur with a cocoa-cum-vanilla flavour.
154. **bec matador:** (*or* bec Matador) brand name of a type of lamp burner.

156. ça pourrait . . . révocation: 'it might end in a dismissal.'

l'Université: 'the teaching profession.'

retraite: i.e. *pension de retraite,* '(retiring) pension.'

professeur libre: 'private tutor.'

157. Je lui ai soufflé le problème: 'I whispered him the answer to the arithmetic question.'

Vidal-Lablache: Paul Vidal de la Blache (1845–1918), one of the first modern, scientific geographers. He wrote many books on geographical subjects and was responsible for the well-known *Atlas général Vidal de La Blache.* See *La Gloire de mon Père,* p. 36.

C'était en cas de coup dur: 'it was to provide against a rainy day.'

158. Je m'en priverai pas!: 'I won't deny myself the pleasure.'

je m'en fous complètement: P. 'I don't care a damn,' 'I couldn't care less.'

159. raide comme la justice: equivalent to *raide mort,* 'stone dead,' 'dead on the spot.' Compare *assis raide comme la justice,* 'sitting bolt upright.'

Nous n'en sommes pas encore là: 'We haven't come to that yet.'

160. c'est pour dire: 'what I mean is.'

qui buvait à la régalade: *boire à la régalade* is to pour a drink down one's throat from a bottle held above one's open mouth.

le coq de terre poreuse: for the origin of this "gargoulette ('porous water-cooler') qui représentait assez schématiquement un coq," see *La Gloire de mon Père,* p. 55.

161. je passais en troisième classe: 'I'd been promoted to the third grade.'

les palmes: see note to p. 69.

Qui c'est qui: F. = *Qui est-ce qui.*

162. éteules: 'stubble-fields.'

qui limait une barre d'argent: the cricket's chirp is compared to the sound made by a silversmith filing a silver bar. (In *Jean de Florette,* Pagnol speaks of "un heureux grillon qui faisait vibrer son cri d'argent".)

pernod: a type of aniseed aperitif.

163. Il me fait: F. = *me fait-il* (i.e. *me dit-il*).

il y a . . . nez: 'you've got a nasty shock coming to you.'

parpelèg~: Prov. 'blinks.' Cp. ". . . ses yeux clignaient trois fois de suite: on disait au village qu'il "parpelégeait" comme les étoiles' (Marcel Pagnol, *Jean de Florette*, p. 20).

simple police: = *tribunal de simple police*, a court of lowest jurisdiction dealing with minor offences, punishable by fines or short terms of imprisonment. For *correctionnelle*, see note to p. 121.

Ça va chercher . . . Ça ira chercher . . . je vais chercher . . . "That'll fetch a fine of about two hundred francs . . ." "It can fetch what it likes. What *I'm* going to fetch . . ."

165. **il ne s'en faut de guère!:** 'it's not far short of it!' The more usual modern form is *Il ne s'en faut guère*.

enterrée: 'buried and forgotten.'

166. **je regrette:** 'I begrudge you.'

ces chants amœbées: 'this antiphony' (lit. 'these amoebaean (i. alternately answering) songs').

le flan de crème renversée: 'the baked custard tart.'

œufs à la neige: 'floating islands' (a sweet made of whipped white of eggs floating on egg custard).

167. **cocu:** 'cuckold.'

chef: 'superintendent.'

La Canebière: the world-famed main street of Marseilles leading down to the old harbour.

conseiller municipal: see note to p. 113.

elle sait y faire: P. 'she has a way with her,' 'she knows her onions.'

« un drôle de balcon »: *un drôle de* here means 'remarkable,' 'fantastic.' The whole phrase is a variation on the P. expression *Il y a du monde au balcon*, which is said of a female with well-shaped breasts.

« très chouette »: P. 'real swell,' 'a little bit of all right.'

tu m'escagasses: 'you flabbergast me.' See note to p. 91.

168. **une barbe en collier:** or *un collier de barbe*, "barbe courte taillée régulièrement et rejoignant les cheveux des tempes." (Robert). This kind of beard used to be known as a 'Newgate frill' or 'Newgate fringe.'

en 1917: i.e. during the 1914–1918 War.

169. **« marchand de biens »:** 'estate agent.'

mon affaire: 'the very thing I wanted.'

Prado: the Avenue du Prado; this famous, tree-lined promenade in a fashionable residential quarter of Marseilles leads down to the *plage du Prado*.

les hommes du son: or *ingénieurs du son*, 'sound engineers.'

opérateurs de la prise de vues: 'cameramen.'

Second Empire: came into being after the *coup d'état* of December 2, 1852 and lasted till September 1870. The Prince-President Louis Napoleon Bonaparte became Emperor Napoleon III during this period, which was one of material progress and of financial and industrial expansion.

ST. PAUL'S SCHOOL LIBRARY
LONSDALE ROAD, SW13 9JT

be retu